国家珍贵古籍名录·太平御览

《太平御览》史话

中国珍贵典籍史话丛书

⑫

周生杰 ◆ 著

国家图书馆出版社

图书在版编目（CIP）数据

《太平御览》史话 / 周生杰著 .—北京：国家图书馆
出版社，2016.9

（中国珍贵典籍史话丛书）

ISBN 978-7-5013-5874-8

Ⅰ.①太…　　Ⅱ.①周…　　Ⅲ.①百科全书—中国—北宋
《太平御览》—研究　　Ⅳ.① Z222

中国版本图书馆 CIP 数据核字（2016）第 144755 号

书　　名	《太平御览》史话	
著　　者	周生杰　著	
责任编辑	王　雷　方自金	
出　　版	国家图书馆出版社（100034　北京市西城区文津街 7 号） （原书目文献出版社　北京图书馆出版社）	
发　　行	010-66114536　66126153　66151313　66175620 66121706（传真）　66126156（门市部）	
E-mail	nlcpress@nlc.cn（邮购）	
Website	www.nlcpress.com→投稿中心	
经　　销	新华书店	
印　　装	北京联兴盛业印刷股份有限公司	
版　　次	2016 年 9 月第 1 版　2016 年 9 月第 1 次印刷	
开　　本	710×1000（毫米）　　1/16	
印　　张	9.5	
字　　数	106 千字	
印　　数	1—3000 册	
书　　号	ISBN 978-7-5013-5874-8	
定　　价	45.00 元	

《中国珍贵典籍史话丛书》顾问

（按姓氏笔画排序）：

王 尧　王 素　王余光　史金波

白化文　朱凤瀚　许逸民　吴 格

张忱石　张涌泉　李孝聪　李致忠

杨成凯　陈正宏　施安昌　徐 蜀

郭又陵　傅熹年　程毅中

图一 魏文帝曹丕

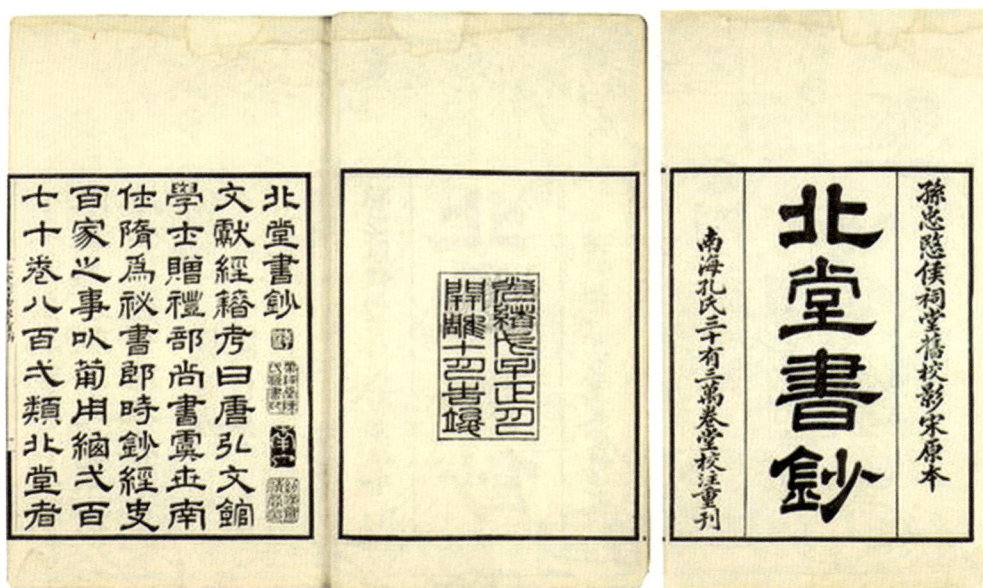

图二 《北堂书钞》

图三　宋太宗

图四　杯酒释兵权

图五　徐铉

图六　宋代开封胜景

太平御覽卷第六百一十二

學部六

博學

博物

論曰大哉孔子博學無所成名

禮記曰君子之學也博且服也鄉

易大畜并云君子以多識前言性行以畜其德

續漢書曰班固字孟堅九歲能屬文誦詩賦及長衆博覽

載籍九流百姓之家言無不窮究

東觀漢記曰楊震字伯起受歐陽尚書於桓郁明經博覽

無不窮究諸儒爲之語曰關西孔子楊伯起

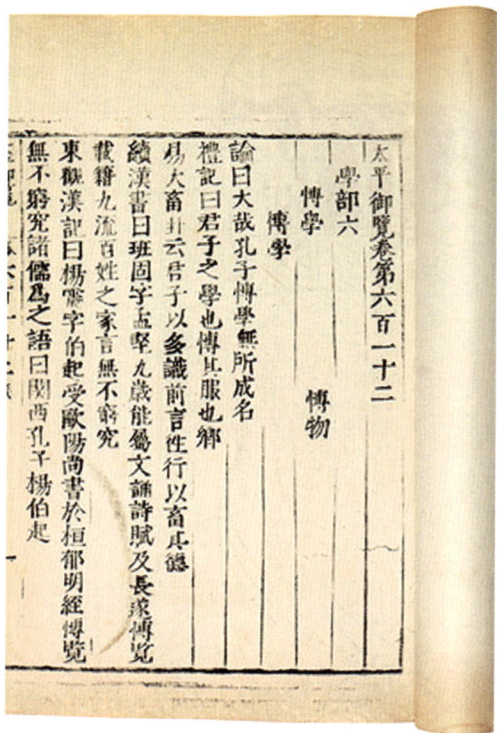

図七　宋蜀刻本
《太平御覧》内页

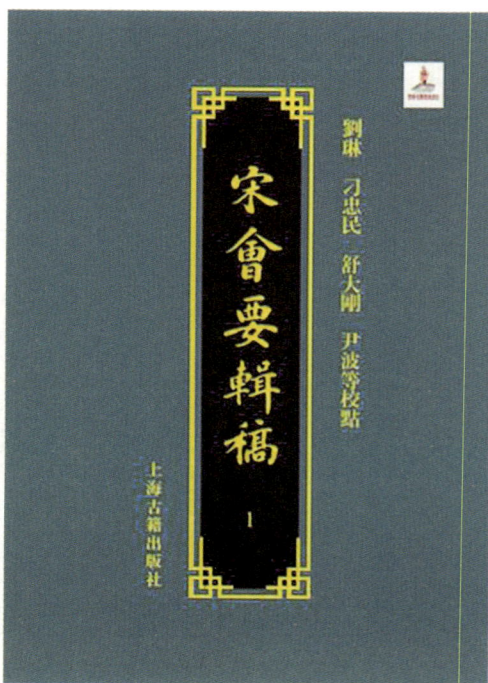

図八　《宋会要辑稿》

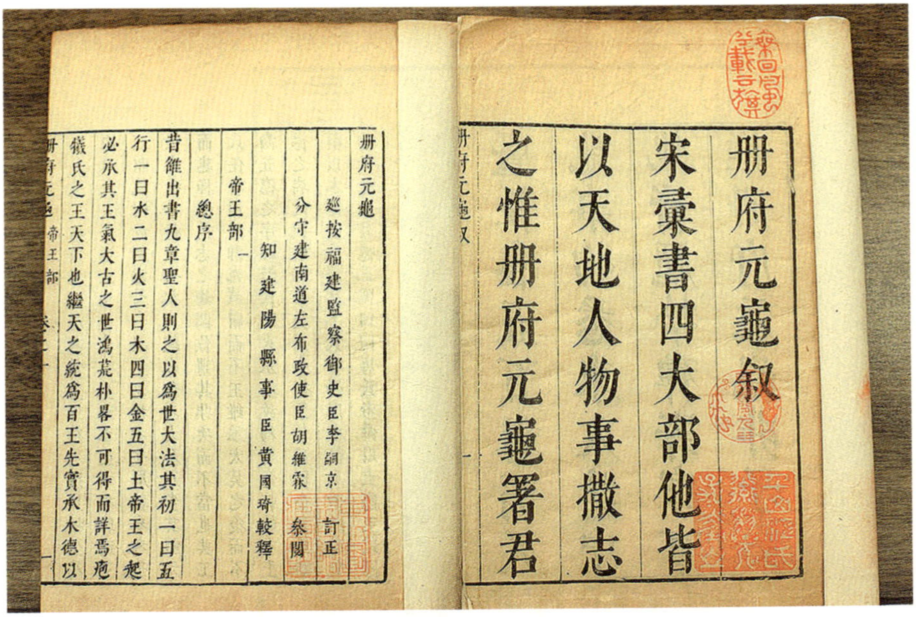

图九　《册府元龟》

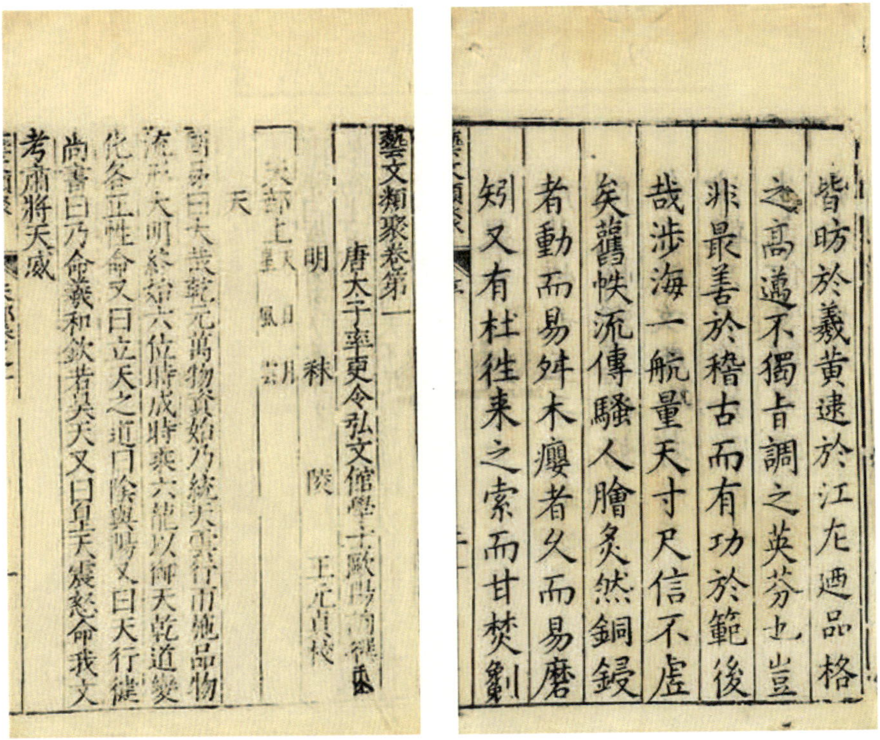

图十　《艺文类聚》

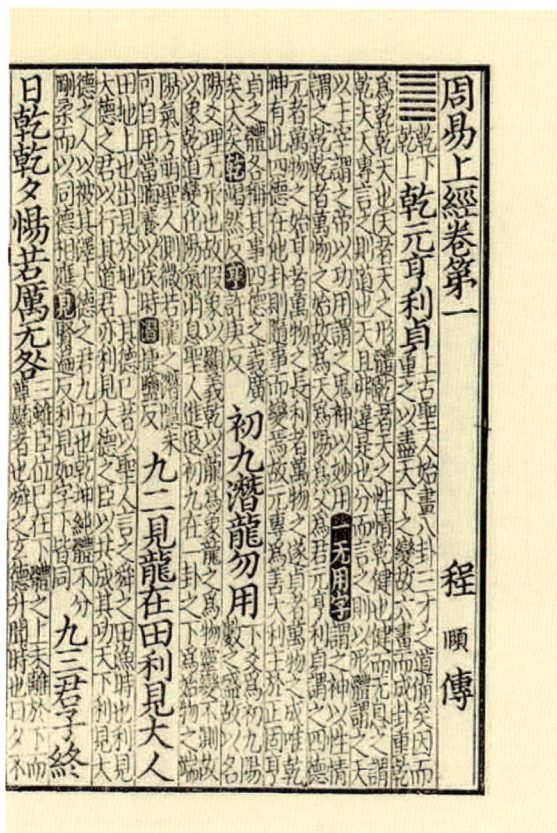

图十一 《周易》

图十二 叶德辉

图十三 岛田翰

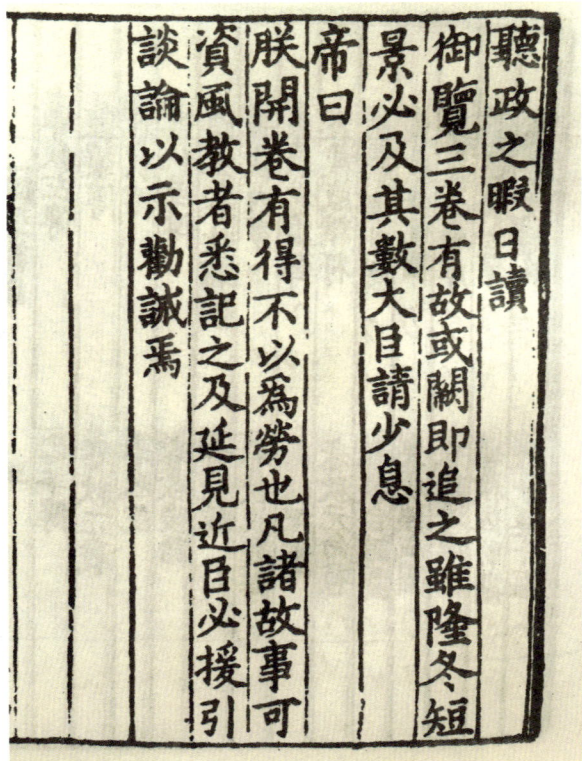

图十四　中华书局影宋
蜀刻本《太平御览》

聽政之暇日讀
御覽三卷有故或闕即追之雖隆冬短
景必及其數大且請少息
帝曰
朕開卷有得不以爲勞也凡諸故事可
資風教者悉記之及延見近臣必援引
談論以示勸誡焉

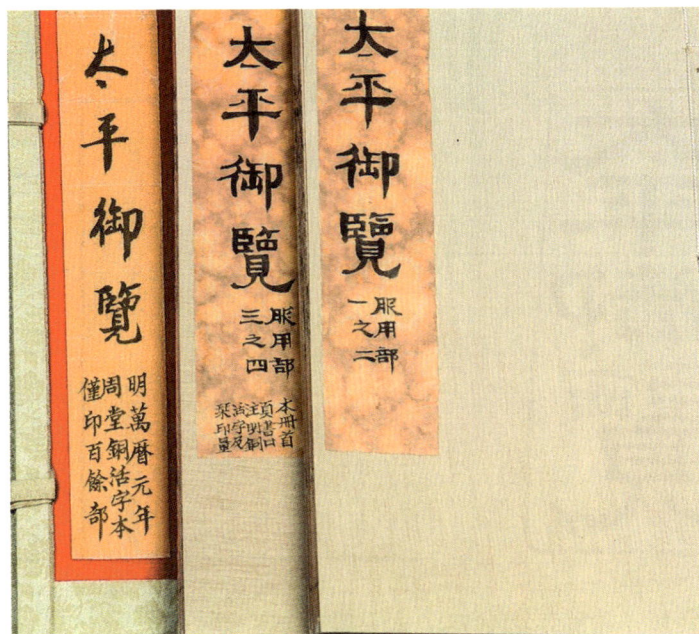

图十五　明周堂
活字本《太平御览》

太平御覽
明萬曆元年
周堂銅活字本
僅印百餘部

太平御覽
服用部
三之四

太平御覽
服用部
一之二

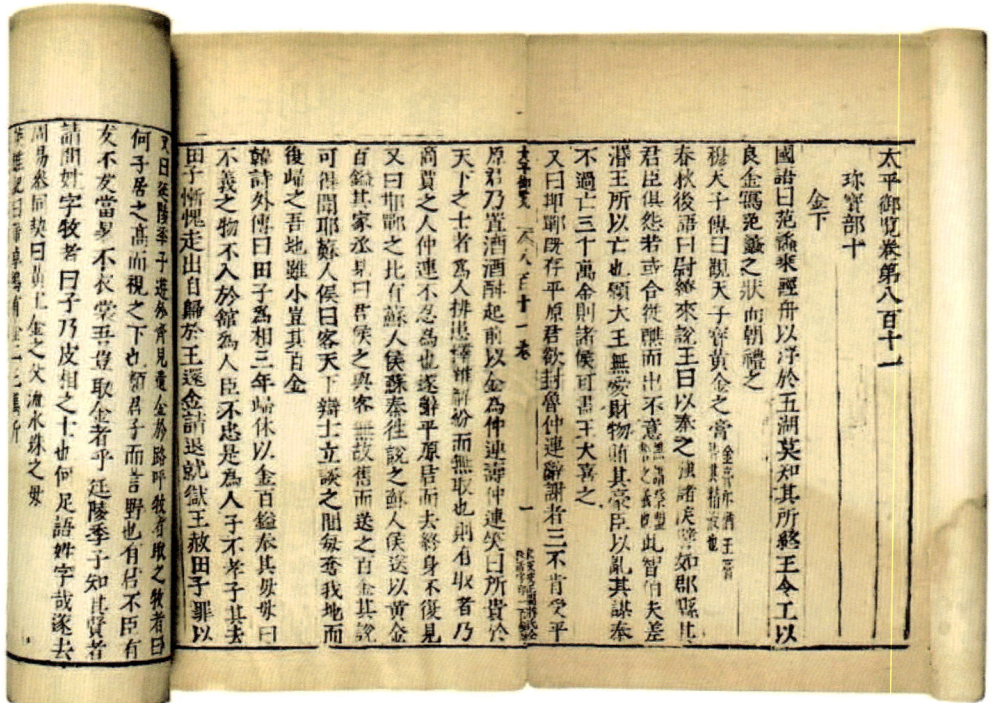

图十六　明周堂活字本《太平御览》

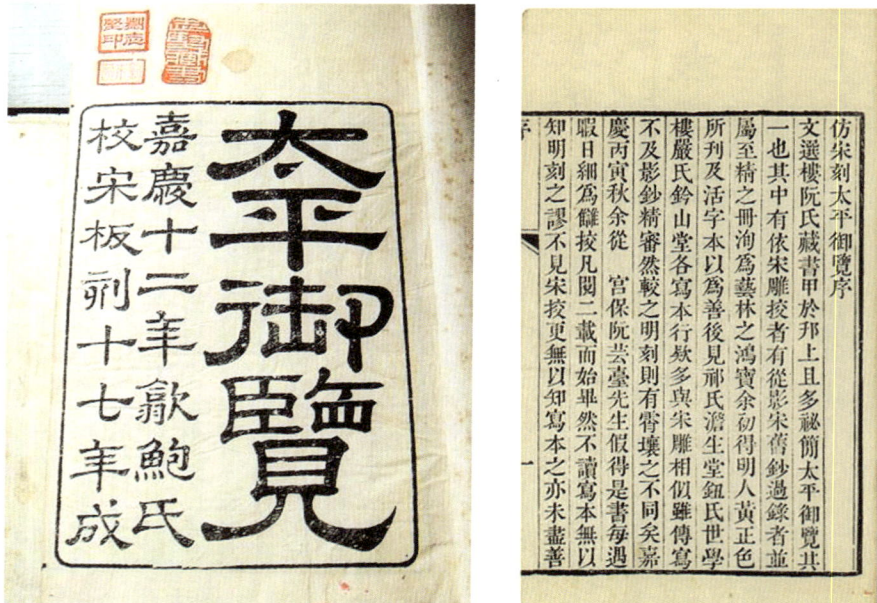

图十七　清鲍崇城刻本《太平御览》

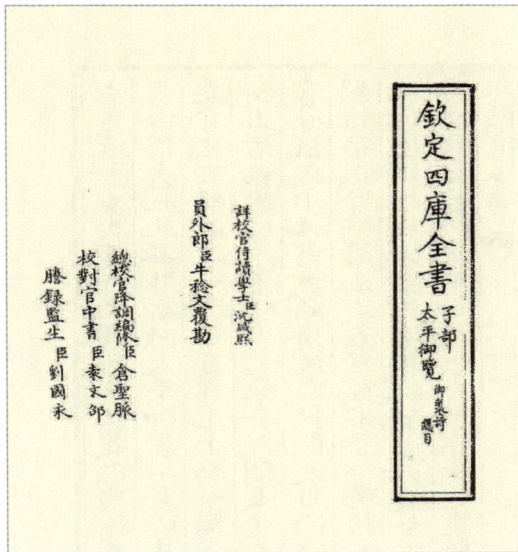

图十八　《文渊阁四库全书》本
《太平御览》

钦定四库全书

子部
太平御览

御集诗
题目

详校官传读学士沈嘉照

员外郎臣牛稔文覆勘

总校官降调叙任仓圣脉
校对官中书臣豪文邵
誊录监生臣刘国永

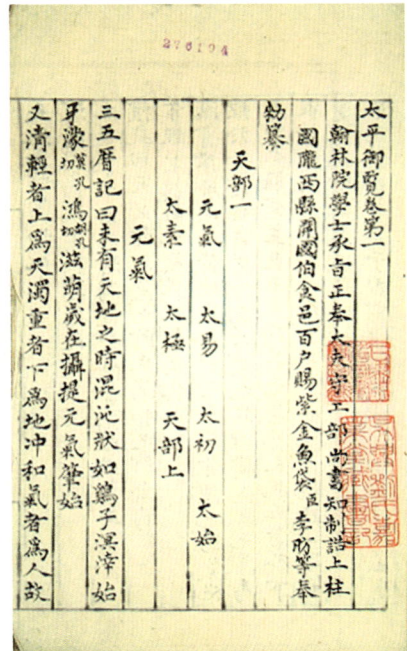

图十九　甘肃图书馆藏明钞本
《太平御览》

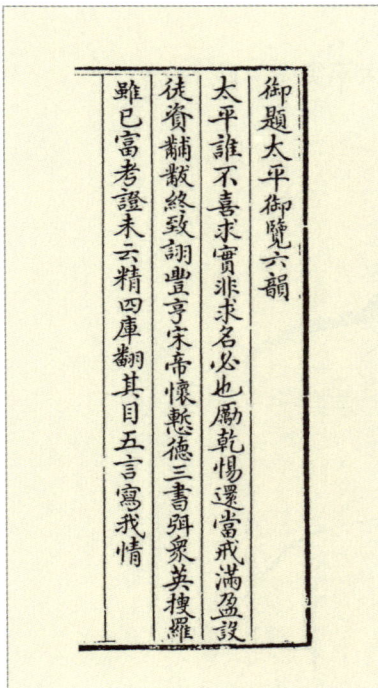

图二十　乾隆《御题太平御
览六韵》（载《文渊阁四库
全书》本《太平御览》卷首）

御题太平御览六韵

太平谁不喜求实非求名必也励乾惕还当戒满盈设
徒赀糜散终致诩丰亨宋帝怀慙德三书舜象英搜罗
虽已富考证未云精四库翻其目五言写我情

图二十一　从善堂《太
平御览》刊刻者张海鹏

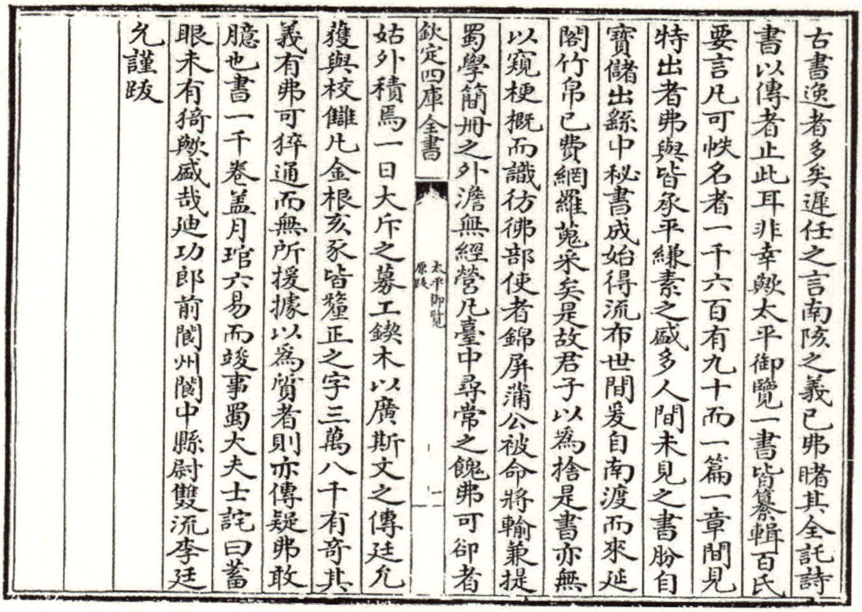

古書逸者多矣遵任之言南陔之義已弗睹其全託詩
書以傳者止此耳非幸歟太平御覽一書皆纂輯百氏
要言凡可悚名者一千六百有九十而一篇一章間見
特出者弗與皆承平繡素之嵗多人間未見之書舫自
寶儲出錄中秘書成始得流布世間爰自南渡而來延
閣竹帛已費網羅蒐采矣是故君子以爲捨是書亦無
以窺梗概而識彷彿部使者錦屏蒲公被命將輸兼提

欽定四庫全書

太平御覽
原跋

蜀學簡冊之外滂無經營凡臺中尋常之餽弗可卻者
姑外積爲一日大斤之募工鋟木以廣斯文之傳廷允
獲與校讎凡金根亥豕皆釐正之字三萬八十有奇其
義有弗可猝通而無所援據以爲贍者則亦傳疑弗敢
臆也書一千卷蓋月琯六易而竣事蜀大夫士詫曰蓋
眼未有猗歟盛哉迪功郎前閬州閬中縣尉雙流李廷
允謹跋

图二十二　李廷允《〈太平御览〉跋》

图二十三　阮元

图二十四 鲁迅

图二十五 日本静嘉堂文库

图二十六　聂崇岐

图二十七　钱亚新

图二十八　张元济

图二十九　王伯祥夫妇

《中国珍贵典籍史话丛书》序

　　书籍是记载人类文明发展历程的重要载体，是传播知识和保存文化的重要途径，它蕴藏着丰富的历史文化内涵，是人们汲取精神营养和历史经验的重要来源，在民族兴衰和文化精神的传承维系中，发挥着不可替代的作用。

　　《尚书·多士》云："惟殷先人，有册有典。"在中华民族数千年的岁月里，人们创造出浩如烟海的典籍文献。这些典籍是中华文明的结晶，是民族生存的基石和前进的阶梯。作为人类发展史上最有价值的文化遗产之一，中国古代典籍是构成世界上唯一绵延数千年未曾中断的独特文化体系的主要成分。

　　然而，在漫长又剧烈变动的历史中，经过无数次的兵燹水火、虫啮鼠咬、焚籍毁版、千里播迁，留存于世间的典籍已百不遗一。幸运的是，我们这个民族具有一种卓尔不群的品质：即对于文化以及承载它的典籍的铭心之爱。在战乱颠沛的路途上，异族入侵的烽火里，政治高压的禁令下，史无前例的浩劫中……无数的有识之士，竭尽他们的财力、智慧乃至生命，使我们民族的珍贵典籍得以代代相传，传承至今。这些凝聚着前人心血的民族瑰宝，大都具有深远的学术影响、独特的艺术魅力和突出的文物价值，是今天人们了解和学习我国优秀传统文化的宝贵实物资料。它们记载着中华民族的辉煌历史和灿烂文化，诉说着中华民族的百折不挠、临危不惧的民族精神，是先辈留给我们的宝贵精神财富。

新中国成立以来，党和国家高度重视典籍文献的保护工作。2007 年启动实施的"中华古籍保护计划"，由国家古籍保护中心（国家图书馆）负责实施，成效显著，在社会上产生了极大的反响。迄今为止，已由国务院陆续公布了四批《国家珍贵古籍名录》，收录了全国各类型藏书机构和个人收藏的珍贵古籍 11375 部，并拨付专项资金加以保护。可以说，这是一项前所未有的伟大事业。

尽管我国存世的各种典籍堪称汗牛充栋，但为典籍写史的著作却少之又少，许多典籍所蕴含的历史故事鲜为人知。如果不能及时加以记录、整理，随着时代的变迁，它们难免将逐渐湮没在历史长河中，成为中华文明传承中的一大憾事。为此，2012 年年底，国家图书馆启动了"中国珍贵典籍史话丛书"项目，旨在"为书立史""为书修史""为书存史"。项目由"中华古籍保护计划"支持立项，采取"史话"的形式，选择《国家珍贵古籍名录》中收录的蕴含着丰富历史故事的珍贵典籍，用通俗的语言讲述其在编纂、抄刻、流传、收藏过程中产生的引人入胜、启迪后人的故事，揭示其与当时的政治、经济、文化和社会发展的密切关系，力图反映中国书籍历史的辉煌与灾厄、欢欣与痛楚。通过生动、多样、丰满的典籍历史画面，使人们更深入地了解和认识典籍，领略典籍的人文精神和艺术魅力，感受中华文化的深厚底蕴。

中华优秀传统文化是我们最深厚的文化软实力。"中国珍贵典籍史话丛书"是以人们喜闻乐见的方式弘扬中华民族博大精深的灿烂文化，使书写在古籍里的文字活起来的一次有益尝试。丛书力求为社会公众提供普及读物，为广大文史爱好者和从业人员提供学习资料，为专家学者提供研究参考。其编纂主要遵循两个原则：一是遵循客观，切近史实。本丛书是关于典籍的信史、正史，而非戏说、演义。因此，每一种史话都是作者钩沉索隐、多方考证的结果，力求言之有据，资料准确，史实确凿，观点审慎；二是通俗生动，图文并茂。本丛书旨在让更多的人了解和热爱中华典籍，通过典籍深入理解中华文化。相对于一般学术著作，它更强调通俗性和生动性，以史话的方式再现典籍历史，雅俗共赏，少长咸宜。

我们真切地希望，通过这套丛书，生动再现典籍的历史，使珍贵典籍从深闺中走出来，进入公众的视野，走进每位爱书人心中，教育和启迪世人，推动"关爱书籍，热爱阅读"的社会风气的形成，让承载着中华文明的典籍在每个人心中长留悠远的书香，为提升全民族文化素养、推动传统文化与时代精神的融合发展做出积极贡献。

"中国珍贵典籍史话丛书"项目自启动以来，得到了社会各界的广泛关注和专家学者的大力支持。一批有较高学术造诣的专家学者直接参与了丛书的策划和撰稿工作，并对丛书的编纂工作积极建言献策，给予指导。借此机会，深表感谢。以史话的形式为书写史，尚属尝试，难免有疏漏、不妥之处，敬请专家学者批评指正，也欢迎广大读者提出宝贵意见和建议。

韩永进

2014 年春于北京

目　　录

小　引

　　在中国古代历史上，宋朝是一个文化昌明的时代，单就图书编纂而言，已经远迈前朝，太宗和真宗时期先后编纂了四部大书：《太平御览》1000卷、《文苑英华》1000卷、《太平广记》500卷和《册府元龟》1000卷，前三种成于太宗朝，后一种成于真宗朝。《太平御览》和《册府元龟》属于类书，《文苑英华》属于诗文总集，《太平广记》为小说总集。"宋四大书"彪炳书林，成为古代图书史上的巨册，文化影响十分深远。

　　"宋四大书"中，《太平御览》编纂最早，体例最精。"太平"是宋太宗年号"太平兴国"的省称，"御览"则因为编成之后，宋太宗急不可待取来阅读，每日三卷，用时整整一年读完。该书洋洋1000卷，近500多万字，按照《易经》要求，分为55部类，征引古书2800多种，学界给予"类书之冠"的美誉。《太平御览》所引用的古书在本书修成后多失传，赖此保存若干条目，因而成为后世辑佚古籍的渊薮、校勘古书的依赖，十分珍贵。《太平御览》在古代类书编纂史上具有崇高的地位，既继承了前代类书编纂的可贵经验，又为后世类书的编纂做了有益的启发。清乾隆年间纂修《四库全书》，《太平御览》被馆臣们收录进去，成为《四库全书》中卷帙最大的一部。该书的编纂、刊刻和流传都较为曲折，历史上，许多学者、文人、藏书家围绕这部书演绎了诸多有趣的故事，在古代图书文化史上焕发着璀璨光彩。

第一章 从《皇览》到《太平御览》

唐玄宗在位期间，十分重视皇室子弟的教育问题，他多次到国子监督学，并亲自过问教材的编撰工作。一次，他对大臣张说等说："皇室子弟应该学会写文章，而写好文章的关键是熟悉历史掌故，现存收集掌故的《修文殿御览》这部书，部头太大，查找典故什么的十分不便。希望爱卿召集学士们编纂一部适合初学者使用的书。"张说遵从旨意，与徐坚、韦述等很快编纂一部30卷的书，汇纂各种掌故，命名为《初学记》，放在国子监供士子使用。

从书籍体裁来说，《初学记》属于类书。那么，什么是类书？

类书是这样一种书籍，它以采辑群书为主，将各类资料分类汇编，供读者检查资料。类书罗列文字训诂、辞藻典故，但却不是字典、辞典。它的内容涉及典章制度、山川地理、医卜星相、花草树木、昆虫鸟兽等，十分广泛，但却不是政典、丛考、方志、舆图等书；类书包括经史杂传、诸子百家的言论，收集大量的古诗文，但又不是文集。

类书取材广泛，涉及大量古籍，内容包括历史事实、人物传记、事物源流、政区沿革、名物制度、诗词歌赋、文章丽句、成语典故、医卜星相、自然景观……林林总总，无所不包，可以说与自然界及人类社会的一切知识都有关联。因此，有人就说，中国古代的类书就是西方的百科全书。但是，如果按照现代百科全书的标准来衡量，类书又有很大的不同。现代百科全书的每一条词目，都是编者根据资料编写出来的，需要重新加工和创作；而类书只是搜集、选择、摘录原始材料，分门别类地汇集、排比在一起，因而只能说类书的性质类似于"资料汇编"，或者是百科全书和资料汇编的混合体。

从古代图书分类来看，类书也很别致。古代图书分类中最为常见的是经、史、子、集四部分类法，而类书却很难准确地归入其中的一类，它非经、非史、非子、非集，但又四部兼容，以杂见称，有的学者将其划入史书，但也有学者将其划分到子部中去。

这就是类书，中国古代特有的一种大型的资料性书籍，因为它的出现，古代文化多了一抹亮色。

第一节 类书编纂有哪些因素

类书的产生是各种因素综合形成的，是古代文化发展到一定阶段的产物。

首先，古人对于自然万物的分类不断细化，使类书编纂有了分类依据。根据现有的考古材料，早在殷商时代，古人就开始用天干地支纪日，万事万物都有类可依，大的分为阴、阳二界，细微的则层层递分，这在人类文明史上具有重要意义。近代学者姚名达在《中国目录学史》中说："分类之应用，始于事物，中于学术，终于图书。"以《诗经》为例，经过孔子删削，今存305篇，即便如此，编排起来仍不容易。孔子按照音乐不同，首分风、雅、颂三大类，风下以地域又细分为15国风，雅分大、小，然后各以"什"系之，颂分周、鲁、商，再以"什"系之，这样条分缕析，一目了然，非常便于查阅和流传。而以类相从为基本特征的类书，则更为直接地反映了古人的分类意识。

其次，类书产生是古代社会发展到一定阶段的需要。汉武帝"罢黜百家、独尊儒术"之后，儒学走向了统治地位，儒家经典成为人们的行为规范，古圣先贤的名言成为后世的金科玉律。举凡封禅、巡狩、郊祀、宗庙、科举、冠婚等大典必以经典为准的，官僚政客上朝言事、接待外宾，缙绅大夫待人接物、举措应对，等等，都离不开经文典故。这样，编制各种类书、汇集经典文句、收录前代典章、罗列名人逸事就有了现实需要。

第三，抄撮之学和赋体文学为类书编撰开了体例上的先河。印刷术产生之前，书籍流传主要靠文人士子抄写，如战国时期研究《春秋》的学者，曾做过文章资料抄撮工作，把各种有关资料汇辑在一起，便于查找和引用。《史记·十二诸侯年表》记载楚太傅铎椒为楚威王抄录《左传》里有关世事成败资料，成 40 章，取名曰《铎氏微》。《铎氏微》可以说是《左传》的"精华版"，非常适合楚威王这样日理万机的君主阅读。史载楚威王得到该书后，时常翻阅，并以此为鉴，检讨得失，楚国因而文教日兴，影响所及，岭越一带逐渐有了更多开化的迹象。

到了汉代，抄撮之学继续发展，并进而影响到了赋的创作。汉代辞赋十分讲究文采。作者以丰富的知识，优美的笔触，对天上人间的万事万物极尽铺陈，所谓"赋家之心，包括宇宙"，说的就是汉赋内容包罗万象。从某种角度来看，辞赋就是名物制度的专著，不但取材广博，并且按事类排比，在没有辞典的时代，读一赋而知万物，人们想查找事类，辞赋当为不可多得的工具书。这就可以理解为什么班固《两都赋》、张衡《二京赋》

及左思《三都赋》出，一时购者、抄者如云，洛阳为之纸贵了。因此，可以说，从抄撮之学、辞赋文学到类书，是知识积累到一定程度，人们在文化上有了更高要求的结果。

最后，文学创作中"征事""用典"风尚直接推动类书产生。随着时间推移，古籍资料积累越来越多，文人创作更喜欢引经据典，以期让文章达到更让人信服的效果，即便是文人之间日常赠答，也以读书广、用典多而相标榜。如南朝梁武帝是一位知识渊博的帝王，他十分喜欢和臣下比掌故。一次，君臣宴饮，面对豫州进贡的栗子，他来了兴致，于是和博学多才的沈约当场比赛，看谁说出关于栗子的掌故多，结果沈约败下阵来，比梁武帝少说了三个，被连罚三杯。酒后，沈约私下里对群僚说自己是故意让皇上赢的。话传到梁武帝的耳朵里，顿时龙颜大怒。不久后，梁武帝随便找个理由把沈约下狱治罪。

六朝以后，征事、用典逐渐成为习尚，唐宋以来，此风更盛。唐太宗曾经戏称虞世南为"行秘书"，意思就是活的图书馆。面对太宗的问题，虞世南常常不假思索，脱口而出。这并不是因为虞世南记忆力惊人，而在于他阅读广泛，更重要的是他在隋朝时主持编纂过大型类书《北堂书钞》。在编辑过程中，他十分留心一些生僻典故，久而久之，烂熟于心，从而博得了"行秘书"的美誉。在诗文创作中，文人们能够做到从经典中找到可以概括自己文章的主旨，是创作的最高境界，如宋代江西诗派倡导"无一字无来历"，就是要求诗中大量"用事"。面对这样的文学新风尚，编撰类书，汇集各种知识于一体，越来越成为人们的普遍要求，而事实上，古代很多文人曾自觉或不自觉地参与到类书编纂中，这对类书编纂亦是莫大的推动作用。

　　古人编纂类书的初衷是供帝王了解治国策略、士子应付科举之用。在信息发达，网络应用普及的今天，人们想要快捷地获取各种信息，打开百度、谷歌等搜索引擎，可以说很快就能够解决问题。而在知识、信息十分闭塞的古代，辞书、字典等的编纂十分有限。人们要想查阅资料、获取信息十分困难，类书的出现大大方便了人们的需求。可以说，类书就是古代的搜索引擎，历代不断编纂类书，也就是不断丰富、更新这个信息库。

第二节　《太平御览》之前有哪些重要类书

　　"类书之冠"《太平御览》在北宋编纂成功，也与宋代以前类书编纂积累了丰富的经验有关。

　　关于类书起始问题，史上一直争论不休。归纳起来，大约有以下几种说法：（一）始于《吕氏春秋》。清代扬州学派中坚人物汪中认为，《吕氏春秋》一书出自众人之手，杂取各家之说，与后世类书极为相似，《修文殿御览》和《华林遍略》的编纂即托始于此。清代著名辑佚学家马国翰也认同这个说法。（二）始于《淮南子》，持此说者为宋代学者黄震。他认为《淮南子》这本书是刘安召集众多门客编纂的，门客们荟萃诸子之学，搜集各种异闻奇说，举凡阴阳、造化、天文、地理、四夷、百蛮、昆虫、草木……种种瑰奇诡异，无不罗列其中，从内容广博来说，与类书无异。黄震的观点得到了清人钮树玉的赞同，他认为该书既能自成一家，又博采群说，分诸部类，实开类书先河。（三）始于汉代经史，持此说者为元代学者方回。他把汉人编写的《礼记》《乐记》，司马迁《史记》中的《八书》，班固《汉书》中的《十志》，甚至刘向编的《列女传》，扬雄著的《方言》等，皆认为是后世类书之祖。（四）始于《尔雅》，持此说者为今人张舜徽先生。他说："类书之起，昉于明分部类、据物标目，盖必推《尔雅》为先。"（《清人文集总目》）

《吕氏春秋》和《淮南子》是杂家著作。杂家是先秦时代学术思想中的九流十家之一。他们的学术宗旨是"兼儒墨，合名法，知国体之有此，见王治之无不贯"（《汉书·艺文志》），自成一家之言。他们的著述通过博采群书，进而分门别类，虽只是集合众说，兼收并蓄，然而通过采集各家言论，往往化为己说，达到"融会无迹"的效果，最后做到贯彻其政治意图和学术主张，这种著述与直引原文、不加改动，且标明出处的后世类书截然不同。因此，绝不能把杂家著述当作类书源头。而方回把汉代部分经史著作看作类书之始，是不明类书体例，如果举凡一类事物汇集一起，便以为类书，那么古代一切书籍都可以看作类书始祖了，岂不荒谬！再看《尔雅》，这部书由汉初学者掇辑诸书旧文，递增而成，原为训解经书所做，故经书以外之字，不做训解。《尔雅》前三篇解释一般词语，类似后世语文词典；后16篇根据事物类别解释其名称，类似后世百科辞典。因其所训释的是先秦经书中的文字名物，故在语言学、文学、文化学等方面均有重要价值。《尔雅》本来是解释文字名物之书，用作古人阅读经书的工具，如果把它当作类书，则类书与辞典、字典就混为一谈了。

类书的起始问题，学术界比较流行的看法是曹魏时代所编的《皇览》。宋人王应麟直言"类事之书，始于《皇览》"（《玉海》），清纪昀等亦说"类书始于《皇览》"（《四库全书总目》）。古代类书往往卷帙浩大，动辄千卷者比比皆是，在物质条件和文化条件都很低下的时代，编纂这样的典籍如果仅靠个人之力是难以完成的。因此，历代类书编纂大都可以看到皇朝力量在背后所起的作用。《皇览》就是在魏文帝曹丕（图一）的大力支持下才得以编成的。

曹丕从小在军营中长大，跟着父亲曹操南征北战，不到 10 岁就已经能够骑马射箭了。在父亲的影响下，他对于诸子百家、古今经传有较深的研究。他文采斐然，与父曹操、弟曹植合称"三曹"，是建安文学的主要代表之一。相传他 8 岁就能提笔为文，长大后诗、赋等皆有所长，尤其长于五言诗。其所著《典论·论文》被认为是中国文学史上第一部有系统的文学评论专著，在我国文学评论史上写下了重重的一笔。

建立魏国，当上帝王后，曹丕更有余暇从事文学艺术活动，在他身边慢慢聚拢了一批文学之士。这时，他已经不满足于零章单篇的编集，或者是一时一地的创作了。他站在最高统治者的高度，全面审视文学艺术发展，指引文化前进方向，而编纂大型典籍即是一系列文化活动中最重要的工程。《三国志·文帝纪》说，曹丕十分喜好文学，常常创作各类著述，所作不下百余篇。他又敕令多位学者，从各种典籍中抄录文章，按类编排，共有千卷之巨，是为《皇览》。《魏略》也记载说，早在延康元年（220），即汉献帝逊位、曹丕登极之年，编者之一、时任秘书监的王象就开始撰集了。因此，可以说，曹丕甫一登上帝王宝座，就着手《皇览》的编纂工作了。

根据史书记载，先后参与纂修者除了王象外，还有尚书郎刘邵、羽林左监桓范、御史大夫缪袭和侍中韦诞等人。史书记载，王象儿时，被父母卖给富贵人家做仆奴，终日放牧，不得温饱，但他却喜爱读书，经常把羊群赶到山上，自己躲在山旮旯读书，曾被主人发现而遭受一顿鞭打。当地名士杨俊知道后，认为王象是位可造之材，于是出钱为其赎身，并为之娶妻安家。王象后被举荐，拜为散骑常侍，受曹丕礼遇。王象、刘邵等人皆以文学知名当时，从事《皇览》编纂虽属首次，但他们努力其事，经过七八年时间即完成（一说完成于黄初三年，即公元222年，如果此说成立，则全书编纂历时仅两年，似不可信）。全书分为40部，每部下又细分数十篇，全书多达800多万字。那个时代，纸张已经成为主要的书写材料，假如还是秦汉时期简牍为主要书写载体的话，估计王象等人心有余而力不足，无法抄纂字数如此之巨的大书，即便能够抄纂在简牍上，估计阅读也有相当大的难度。但是，那时候印刷术的发明和使用仍然遥遥无期，所以，这样一部书仅抄一部，纂好后就搬进皇宫，只供帝王一人阅读使用，故名《皇览》。

《皇览》内容来自五经及注解五经的群书，其体例是割裂古书，以类相从，也就是把经传中的文字材料按一定的需要辑录出来，并分门别类地编排而成。这种"荟萃成言，裒次故实，兼收众籍，不主一家，而区以部类，条分体系"的编排方法，为后世类书编纂开了先河。

然而，非常遗憾的是，正是因为《皇览》卷帙浩大，传抄不易，随着战火不断肆虐，连着各种自然灾害频繁发生，经过几代之后，千卷巨著渐次丢失或损毁。到南朝梁时，何承天收拾残损，合为123卷；再过一段时间，徐爰整理该书，仅得50卷，目录四卷。史书还记载说，南朝梁学者萧琛曾经抄过该书，编为《皇览抄》20卷。上述几件史实说明，因篇幅太大，传写不易，《皇览》在南北朝时有缩编本、摘抄本等数种，而原书则渐次亡佚。大概在唐末五代间，上述几家缩编本、摘抄本亦全部亡佚，宋代以后书目就不见有记载了。

《皇览》原本及其摘抄本等相继亡佚，这给后人探究该书原貌带来了很大困难，但是，好在魏晋隋唐时期许多典籍曾经引用过《皇览》内容，尤其是给古书做注解的学者喜欢采用《皇览》中的条目，因而通过辑佚各书，还是能够窥斑知豹，了解该书部分内容。到清代，辑佚之风盛行，《皇览》也有了两个辑本：一个是清嘉庆时孙冯翼辑本，孙冯翼遍阅群书，辑出一卷，包括"逸礼"类11则，"冢墓记"类67则，不确指属于何类者三则，刻入《问经堂丛书》，后收入《丛书集成初编》；另一个是道光年间黄奭辑本，刻入《汉学堂丛书》的《子史钩沉》部分中，也是一卷。这两个辑本使我们至今还能看到类书始祖《皇览》的点滴状况。

《皇览》之后，类书编纂继续进行。南北朝时，南北双方各有类书之编纂，南朝梁代编纂了类书《寿光书苑》《类苑》和《华林遍略》（又名《芳林遍略》），北朝则编纂了《修文殿御览》。其中，《修文殿御览》在类书编纂史上影响较大。

《修文殿御览》也是帝王亲自过问纂修的一部类书。后主高纬是北齐第五位皇帝，其人性好奢侈，大起宫殿，荒淫无度，在位期间朝政败坏到了无以复加的地步，最终加速了北齐政权的覆灭。荒淫的高纬乐于沽名钓誉，为了和曹魏时代争胜，博取"文功武略"之名，听从祖珽建议，仿效魏文帝，敕修大型类书。高纬还接受祖珽的另一项建议，设立文学机构文林馆，文林馆的主要工作就是编纂类书。参加编纂的学者先后有8批，30多人，队伍蔚为庞大。但是，高纬对于文学的理解和成就，实在难以与曹丕比肩。不过，领修者祖珽天性聪明，事无难学，文章之外，又善音律，并懂得四夷语及阴阳、占候、医药，是个难得人才。祖珽带领阳休等一班学者，找来《华林遍略》，名义上以之为蓝本，而实际上在编纂的时候，几乎全部抄录，只是补充了《华林遍略》里没有收录的内容，又参照《十六国春秋》《六经拾遗》以及《魏史》等，所补内容大多是北朝的文史、南方未见的书籍等。

《修文殿御览》共分 50 部，360 卷，编纂始于武平三年（572）二月，到了八月即告完成，前后仅仅用六个月，可谓是大型类书编纂花费时间最短的一部。在取名的时候，高纬想到了自己心爱的园林玄洲苑，于是名之曰《玄洲苑御览》。玄洲苑为北齐武成帝改修石崇故园华林园时，于园中另造之苑，备山水之胜、台观之美。不久，高纬又觉不妥，便以自己居所圣寿堂为名，改称《圣寿堂御览》。圣寿堂为北齐皇宫，装饰用八百玉珂，万枚铜镜，又以曲镜抱柱，门窗并用七宝装饰，壮丽之极，天下无双。但是，祖珽等人觉得此名尚不足以充分表达文化大典的含义，他受东汉诸儒在白虎阁讨论经传，将言论结集，取名《白虎通》的启发，上奏要求改名为《修文殿御览》。

《修文殿御览》纂修完毕后，流传不广，只是供帝王阅读。历经战乱和朝代更迭，该书命运多舛，南宋时还存于世，大约在明初以后，已经不再流传了，仅有一残卷封藏在敦煌石室中。敦煌宝藏面世后，该残卷亦被法国人伯希和盗取，今存于法国巴黎国家图书馆（伯字 2526 号）。民国时期，罗振玉根据伯希和寄来的敦煌写本影照，编纂《鸣沙室佚书》时收录该卷，1996 年被上海古籍出版社影印，收入《续修四库全书》中。

隋朝时代虽短，但是却编纂了一部重要的类书《北堂书钞》（图二）。该书从当时各类书籍中摘录名言佳句，凡 852 类，供当时作文采撷词藻之用。主修者为历仕陈、隋和唐的大学者虞世南。虞世南为"凌烟阁二十四功臣"之一，官至秘书监，封永兴县子，故世称"虞永兴"，唐太宗尝称其有德行、忠直、博学、文辞、书翰五绝，誉为"当代名臣，人伦准的"，赐礼部尚书。《北堂书钞》通常被认为是一部唐代类书，这大概是因为编者虞世南在唐朝做官时间较长的原因，其实早在隋朝任秘书郎时，虞世南已经完成本书抄纂。所谓北堂，就是当时秘书省后堂，是虞世南抄书的地方，故以此为书名。原书852卷，到新、旧《唐书》著录时仅有173卷了，北宋以后，渐有佚失，成为罕见之珍籍。尔后辗转递抄，迄至今日，较能通见传本，仅有160卷。《北堂书钞》是我国现存最早的类书，保存了很多魏晋南北朝及以前的古书，对今天学术研究有很重要的价值。

唐代是古代史书编纂十分繁荣的时代，所谓二十四史，唐代就编纂了其中的八史，占三分之一。在类书编纂史上，这一时期较魏晋南北朝有了较大发展，先后编纂了《艺文类聚》《初学记》《法苑珠林》《白氏六帖》等，对后世的影响很大。

《艺文类聚》100卷，是唐代开国初年由高祖李渊下令编修的。李渊建立唐朝，结束了400多年分裂局面，开始着手从各方面治理国家。文化教育上的重要举措有二：一是推崇儒学，以儒家经书作为各级官学教学的重要内容；二是组织学者编纂《艺文类聚》这部类书。主修者为欧阳询。欧阳询是历史上的著名书法家。他自幼聪敏，读书一目十行，少年时就博览古今，精通《史记》《汉书》，十分博学，为日后编纂书籍打下了坚实基础。《艺文类聚》分46部，部下又列727子目，全书约百余万言。此书分类按目编次，故事在前，均注出处；所引诗文，均注时代。作者谙于题目，并按不同文体，用"诗""赋""赞""箴"等字标明类别。和其他类书相比，此书在辑存文献方法上有一个很大特色，就是把"事"与"文"两条龙并成了一条龙，变更了类书的常规体制。书名中的"艺"即"六艺"，也叫"六经"，指的是儒家经典《易》《书》《诗》《礼》《乐》《春秋》，而"文"主要指诗赋等文学作品，故名《艺文类聚》。这样做的最大好处，是大量保存自汉至隋的词章名篇。其中征引的古代典籍，今多散佚，为我们保存了不少珍贵材料。

《文馆词林》1000 卷，唐高宗朝中书令许敬宗奉敕编纂，所收内容为自先秦到唐代各体诗文，分类编纂，严整有序。但是，该书于显庆三年（658）成书之后，一直深藏中秘，那时雕版印刷尚未普及，加之卷帙浩大，故流传不广，北宋时即散佚殆尽。不过，自唐代开始，朝鲜、日本等国多次派遣使者来中土学习文化，他们回国时都携带大量汉籍，《文馆词林》即在其列。史载北宋景德三年（1006）日僧寂照来华，他告诉中国学者在日本尚有该书，不过书名误为《文观词林》，仅一字之差。又《高丽史》记载，宋朝政府曾经几次向天下广征图籍，朝鲜使者递交了一份朝鲜藏汉籍书目，《文馆词林》亦赫然在目。东传日本的《文馆词林》原本不知所终，现存皆为经过几次传抄的残本。1969 年，日本古典研究会就日本国内所能见到的全部《文馆词林》传本（包括弘仁本的影钞本、摹写本、摹刻本及中土传刻本）悉数搜罗，择善而取，汇为《影弘仁本〈文馆词林〉》，影印出版，这是迄今为止存世的日藏《文馆词林》传本的集成之作。后经罗国威先生整理，最终完成《日藏弘仁本文馆词林校证》30 卷（其中三卷不明卷次），有诗、颂、七、碑、诏、敕、令、教、表九种文体，中华书局 2001 年出版。逸散千年的中华典籍终于得以重归故土。

《初学记》30 卷，唐玄宗时修。本书一开始就说，唐玄宗为方便皇室子弟学诗作文时引用典故和检查事类，而命集贤院学士徐坚、张说等编纂的，所以取此名。徐坚自幼聪敏，擅长文章典实，又精三礼之学，进士及第后授太子文学，后任秘书监、集贤院学士、给事中等职。他多识典故，曾参与国史修撰，还参与编修大型图籍《三教珠英》。《初学记》分天、岁时、地、州郡、帝王等23部，部下分子目，共313个子目。子目下先为"叙事"，编引有关记述；次为"事对"，选编有关对句；后为"诗文"，节引有关诗文。本书虽然卷帙不大，但选材谨严，且皆为隋以前古籍，亦很有参考价值。此书与其他类书不同的是，其他类书只把材料按类摘抄，条与条之间，几乎没有联系，仅仅是资料的汇编。而此书则经过精心编撰，把类事连贯起来，成为一篇文章，其体例更近似现代的百科全书，知识性非常高，既有丰富的知识，又便于临文检查。

《法苑珠林》100卷，唐高宗时僧人道世所撰。道世俗姓韩，字玄恽，因名字中"世"字犯唐太宗李世民讳，所以以字代名，通常称为玄恽。道世自幼聪敏，受佛教影响，发愿出家，但双亲钟爱不舍，至12岁才如愿。他先是在寺中承担杂务，利用闲暇刻苦学习经典，尤其偏好律部，不久就以精通律学而闻名于京城和三辅。唐高宗显庆年间，道世奉诏参加了玄奘法师的译经工作，其间他在《经律异相》的基础上编成《诸经要集》20卷。此后积10年之功，于总章元年（668）撰成《法苑珠林》一书。"法苑"指佛法的荟萃，"珠"是美石，比喻佛陀教法融通无碍，而法义丛集名为"林"。由此可知，《法苑珠林》是汇集一切佛法教义精华的一部重要典籍。该书篇下分部，部又分小部，总计640余目。每篇开始多以简短的骈文总述大意；再以类相从，广采博集经、律、论原典故实，夹叙夹议；篇末或部末多附《感应录》征引感应事迹。全书内容以佛教基础知识及日常生活规范等为重点，并在最后《传记篇》中，对东汉至唐初历代有关传译的经论、译者及中国佛教著作和因遭禁佛而佚失的经籍以至度僧建寺都做了记述，对释迦牟尼生卒年月和出家成道时日做了考订。全书引用典籍达400余种，除佛教经论外，还引用儒家学说、道教经籍、谶纬、杂著等。从宋代开始，释家即把《法苑珠林》编入大藏经，历经元、明、清各代，相沿不改。

《白孔六帖》原名《六帖新书》，是唐白居易《六帖》30卷与宋孔传《六帖》30卷的合称。白居易在诗歌创作过程中，十分留意保存典故词语，平日阅读所得诗文佳句，皆及时记载下来，以备用时索取。他曾用几千个陶罐，各题门目，放在一个七层架子上，积累日久，罐子中纸条装满了，他就全部倒出来，分门别类汇辑成书，始称《白氏经文事类》，又称《六帖》。关于"六帖"得名，一说合数卷为一册，共六册。每册版心标有帖一至六等字，因而取名"六帖"。又说，唐代考试制度，以六科取士，试题叫"帖"，此书供考生应试之用，故名"六帖"，是查找宋以前百家诗文的重要类书之一。

宋代以前各种类书的编纂已经成为体系，编纂方法也臻于完善，这一切都为《太平御览》的编纂提供了有益的借鉴。

第二章　一本让宋太宗开卷有益的书

东晋大诗人陶渊明在一篇文章中谈读书体会说："开卷有得，便欣然忘食。"［（晋）陶潜《与子俨等疏》］意思是说只要阅读起书来，便有所收获，往往忘记吃饭。古往今来，多少人通过读书改变命运，又有多少人一生痴迷于书，乐此不疲，视书为人生挚友，从中获取大量的知识和力量。话说宋代第二位帝王赵光义也是这样一位勤于读书、相信开卷有益的人。

宋太祖赵匡胤建立宋王朝的时候，各地还存在着一些割据政权。统一全国的任务，直到弟弟赵光义当上皇帝后才告完成，史称宋太宗（图三）。宋太宗政事非常繁忙，但是，这位勤政的帝王，即使再忙，仍每天坚持阅读，且规定了进度，如果哪一天确因特殊情况达不到阅读进度，则于次日一并补上。有一次，史馆又送到皇宫一部多达千卷的典籍，太宗乐不可支，每天坚持读三卷，十分辛苦。侍臣怕他读的时间太久，影响身体健康，而他却笑笑说："开卷有益嘛，朕不认为有多么辛劳。"一年之后，果真把该书读完。

宋太宗所阅读的典籍，就是历史上有名的类书《太平御览》。

第一节　编纂缘起

宋太宗赵光义登上帝位之时，国内大部分地区处于太平繁荣时期，但是西北边疆却极不安宁，辽国凭借兵强马壮，经常侵扰边地，北方边民苦不堪言。太平兴国年间（976—984），宋太宗两次御驾亲征，决定以武胜武，一劳永逸地解除隐患。但是，由于他不相信手下谋士和将军，专权独断，所以两次军事行动都以失败告终，最后落得个割地赔款的结局，和辽签署了几项屈辱性合约。因此，毛泽东在读二十四史时曾极其深刻地说："历史上，最不懂军事的皇帝莫过于宋太宗。"（《毛泽东评点二十四史》）宋太宗在军事上毫无建树，而这并不能抹杀他的历史功绩。他在位期间，致力于以文治国，大力提高文人地位，修纂了诸多大型典籍，为后世留下了丰厚的文化遗产，先后编纂了《太平御览》1000卷、《文苑英华》1000卷和《太平广记》500卷。此外，真宗朝宋廷还编纂了《册府元龟》1000卷，以上四种合称"宋四大书"，《太平御览》是其中最为重要的一部。那么，太宗朝为什么热衷于编纂《太平御览》这样卷帙浩大的典籍呢？

一、宋太宗"怀惭德"

南宋学者朱敦儒曾说，宋太宗太平兴国年间，南唐、后蜀等降王逐渐去世，大多死因不明。这些降王旧臣中有人流露出疑惑，对朝廷违背当初不杀降王诺言表示不满。太宗闻听后，下诏把这些旧臣都收在馆阁中，让他们编修典籍，且所编典籍越大越好，并给他们丰厚的薪水，使他们没有心思考虑其他事，最终卒老于文字之间。《文苑英华》《太平广记》等书就是在这种历史背景下编成的。此事记载在宋人王明清的笔记《挥麈后录》中。此说得到南宋张端义、元人刘壎、明人谈恺和胡应麟等许多人认同。

如元代学者刘壎认为，宋初削平割据后，各地降臣多聚居于京城。久之，他们则怀念旧土。为防止这些人心生异心，所以太宗给他们丰厚的爵禄，让他们编纂群书，最终做到"迟以岁月，困其心志"的目的。清高宗乾隆帝说："宋太宗身有惭德，因集文人为《太平御览》《太平广记》《文苑英华》三大书，以弭草野之私议。"（《御制诗集·四集》卷十一《命校〈永乐大典〉因成八韵示意诗》句"彼有别谋漫深论"小注）乾隆帝也是认可宋太宗召集旧臣纂修多种典籍，以此来消散朝野议论的做法。乾隆帝还在文渊阁《四库全书》本《太平御览》的卷首题了一首诗，诗中有句曰："宋帝怀惭德，三书弭众英。"就是这个意思。故鲁迅先生总结说："此在政府的目的，不过利用这事业，收养名人，以图减其对于政治上之反动而已。"（《中国小说史略》）

那么，宋太宗心中到底有多少"惭德"？他诏令纂修多部典籍的背景到底是什么？

胡道静先生在《中国古代的类书》一书中，把《太平御览》修纂缘起与宋太宗以不正当手段夺取皇位之事相联系，认为宋太宗此举有"心理及其政治作用"，以至于广修类书来"安定太祖旧臣之心"。此说并非空穴来风，野史对此记载较多。

宋僧文莹著有一部野史《湘山野录》，书中记载说，赵匡胤在陈桥驿发动军事政变，最终"黄袍加身"，弟弟光义立下了汗马功劳。当上皇帝后，宋太祖十分感激这位弟弟，经常邀请弟弟来皇宫商议国家大事，或饮酒，或留宿于此，真正做到了情同手足。宋开宝九年(976)十月一个大雪的深夜，赵匡胤又一次召弟弟光义入宫，这次，兄弟二人在寝宫对饮，但遥见烛影下，赵光义时或避席，有不胜之状。饮讫，禁漏三鼓，殿雪已数寸，赵匡胤用玉斧在雪地上刺，同时说："好做好做。"第二天天刚刚亮，赵匡胤便不明不白地驾崩了，赵光义受遗诏，于灵前继位。这就是历史上有名的"烛影斧声"故事。需要说明的是，这里的"斧"指的不是兵器，而是一种类似于如意的物品，叫作纸镇，是用来压纸用的。而另一本野史《烬馀录》说，赵光义对太祖的宠妃花蕊夫人垂涎已久，是夜趁赵匡胤病中昏睡不醒时调戏花蕊夫人，惊醒了赵匡胤。赵光义于是一不做二不休，捡起玉斧砍杀赵匡胤，并矫诏继承了帝位。继承帝位的赵光义毕竟做贼心虚，一方面安抚赵匡胤的几个儿子，另一方面则大肆笼络人心，其中，编纂《太平御览》等大型典籍就是为其政治目的服务的一种非常重要的方式。

二、"文德致治"的统治政策

当然，以上各种野史传闻并不足以为信。以《太平御览》为首的"宋四大书"的成功编纂，是宋代政治稳定、经济繁荣、文化高涨的合力形成的，尤其与宋代大力提倡文化治国的政策息息相关。

文人地位在宋朝得到了空前提升，重文轻武风气在宋朝达到了极致。宋太祖赵匡胤崇信天下可以在马上得之，却不能骑在马上治之，更不能躺在马上守之的治国道理。在其倡导下，倾心学术、精心文章、崇尚文化之风在社会上流行开来。弟弟光义继承皇位后，也曾说过类似的话："王者虽以武功克定，终须用文德致治。"宋初统治者相继制定了一系列笼络民心、巩固统治的文化政策，士人间崇尚读书渐成风气，在"万般皆下品，惟有读书高"的社会氛围中，宋代学术昌明，文化繁盛。因此，对于宋帝"怀惭德"而编几部大书的说法，我们要客观看待。

首先，宋初帝王对于臣下，无论是旧部还是降臣，采取的都是笼络手段。宋太祖"杯酒释兵权"（图四），以金钱美色引诱武将交出兵权。天下稳定后，太宗则优待文人，重用他们来巩固政权，两人笼络的对象群体不同，而手段和性质是一样的。

其次，太宗优待降臣，利用他们来编纂典籍，更大原因在于他们都是当时有名的学者，可以保证图书编纂质量。封建社会发展到宋代，已经积累了大量文化遗产，但是，由于唐末以及五代战乱频仍，图籍散失、毁坏非常严重，亟需进行科学的整理清点。如果仅是对于图籍进行收集、裱补或刻印等表面工作，还算不上真正意义上的整理。宋太宗站在文化工作的历史高度，高瞻远瞩，编纂一系列大型图籍，意义更加深远。

最后，关于太宗弑兄继位之说，史上一直争论很多，学术界多认为文莹等的野史稗说有悖于历史事实。宋太祖生前已经铁定百年以后传位给太宗，有其临终前遗诏为证。《宋会要辑稿》（图五）收录这份遗诏全文，其中说："皇弟晋王……时惟长君，可于枢前即皇帝位。"交代得非常明白。史上对于宋初帝位传承采用兄终弟及方式，而不是传统的父死子继亦有解释。如司马光《涑水记闻》记载，主张弟弟赵光义继承哥哥赵匡胤皇位的不是别人，而是德高望重的昭宪太后。太后曾经与太祖探讨宋代取代前代后周，赵匡胤登上皇位的原因，太祖归因于受太后积德之荫庇，而太后却意味深长地说："不是，是因为后周皇帝柴氏年幼。"她紧接着谆谆告诫太祖说："你万岁以后，当把帝位传给二弟。"太祖叩首致谢，当即立下誓约，由大臣赵普作证，交给宫人秘藏。

综合以上分析，我们认为《太平御览》编纂的真正缘由是与宋代"文德致治"国策相一致的。太宗曾在下诏纂修几部大书的时候说："朕每退朝，随即读书，想通过读书来考究前代成败，以资借鉴。"事实上，主持编纂工作的李昉也持这样的观点，他说："夫教化之本，治乱之源，苟无书籍，何以取法？"意思是教化百姓和治理国家的根本，都在于书籍，书籍记载大量前代经验，正可以为后世所取法。宋初统治者正是从前代兴亡教训中，得出不以文治则为国家祸乱之由的道理，如太宗批评后唐庄宗不懂"守文之道"（《宋朝事实类苑》）。他深谙宋朝要想长久存在，避免重蹈前代覆辙，就必须认真培养皇家子弟，让他们熟读书籍，总结历史经验教训，明白治国方略。为了实现文治，统治者不惜花费巨大人力物力，从全国各地征集图书，分门别类贮之馆阁，大兴官学，并教导武将以读书为务，全面实现以文治国的目的。而编纂《太平御览》一书，太宗更是非常重视，他要求这样一部大书能够"包罗万象，总括群书，纪历代之兴亡"，从而达到"为百圣立绝学，为万世开太平，为古今集斯文之大成，为天下括事理之至要"（宋版《太平御览》卷首李廷允《跋》）的目的，编纂好后，他自己率先阅读全书，可见该书在其心目中的价值和地位。

第二节　编纂人员

宋代王应麟编著《玉海》以及《太平御览》历代版本卷首，对于编纂人员均记载为李昉、扈蒙、李穆、汤悦、徐铉、张洎、李克勤、宋白、陈鄂、徐用宾、吴淑、舒雅、吕文仲、阮思道。其间，李克勤、徐用宾、阮思道中途改任他官，续命太子中允王克贞、董淳、赵邻几顶替。因而前后参与修书有 17 人之多。总体来看，这是一个强大的编纂班子，他们的年龄结构、知识结构以及仕宦经历皆堪称上乘。

一、宰相李昉领衔

宋太宗在位期间，待臣下十分优厚，每逢佳节则邀请众多文人学士共度美好时光。某年元宵节，太宗邀请一班老臣登乾元门楼观灯，赏赐一位退休老臣坐在宰相上首，还拿起御杯亲自给他斟酒，而后不无感慨地当着众臣夸起这位老臣说："众爱卿有所不知，朕这位爱卿可是大好人一个啊！服侍朕整整 20 年，两度出任宰相，未曾做过伤人害物的事情，其余的好那就更不用说了。"这位被太宗隆重夸奖的老臣不是别人，正是学富五车、名满天下的李昉。李昉受到宋太宗垂青，在于他一向谦逊的品德、深厚的学问和丰富的文学创作，而更重要的是李昉一生倾心奉献，与众位学者孜孜矻矻编纂了大量典籍，为宋代文化事业做出了巨大贡献。也正是他领衔编纂了《太平御览》。

李昉（925—996），字明远，深州饶阳（今河北饶阳）人。北汉乾祐间考中进士，先后在北汉和后周做官。《诗话总龟》记载说，宋太宗在后周时期已经知道李昉其人，即位之后马上任用为相，待之特别优厚。李昉为此感恩戴德，致仕后曾献诗云："微臣自愧头如雪，也向钧天侍玉皇。"太宗收到诗作后，欣然和诗一首，其中说："珍重老臣纯不已，我惭寡味继三皇。"一时传为美谈。

李昉入宋，受到优待，先后在地方和中央做官，官至中书侍郎，以特进司空致仕。卒后，追封韩国公、谥文正，赠司徒。《宋史》本传对李昉也是称赞有加，说他性情和厚，不念旧恶。在位期间，小心循谨，并且乐于结交宾客。可见李昉善于与人相处，得到了上下一致好评。李昉先后领衔编纂《太平御览》《文苑英华》《太平广记》等大型典籍，名垂中国图书编撰史。李昉受诏领衔编书，却不因循守旧，在编纂《太平御览》时敢于打破成规，用野史取代正史。比如关于唐高祖李渊，《旧唐书》记载其体貌特征和正常人一样，但是《太平御览》却说"高祖生长安，紫气冲庭，神光照室，体有三乳，左腋下有紫志（痣）如龙"。为什么李昉偏要说李渊身上长有三乳呢？这是因为古人相信，帝王之所以成为帝王，在于他们浑身上下都应该与普通人不同，于是各种传闻产生了，如舜为重瞳子，即每只眼睛中有两个黑眼珠；刘备双手过膝，耳大招风；后周文帝宇文泰背部长满黑子……显然，李昉如此刻意记载，有迎合宋太宗的心理意图。

二、南唐降臣担纲

担任《太平御览》纂修的人员，多为降臣，而这些降臣中，以来自南唐的编纂人员最多，共八位。五代十国时，偏安江南一带的南唐十分特殊，当中原战乱频发之时，南唐却得来了较长时间的安宁；当中原各国经济凋敝时，南唐经济却迎来了大繁荣时期；当中原文化不可遏止地出现衰败时，南唐文化却取得了长足发展。中原各王朝鄙视文士，文人们为保命大多南逃。而反观南唐统治者，他们个个有着极高的文化素养，实行优待文士的国策，在宽松的文化氛围中，南唐人才一时彬彬称胜。入宋之后，大批南唐文人来到中原，继续从事伟大的文化事业，为开创宋初文化的兴盛做出了突出贡献。在《太平御览》的纂修过程中，担纲者就是这样一批学者。

汤悦（？—997），原名殷崇义、商崇义、商悦等。安徽贵池人（一说陈州西华，即今河南周口人）。殷崇义少年时就学而不厌，勤于读书，尝梦飞星入盘，自此文思日进，郡人称其为"神童"，其诗书冠誉江南。中主保大十三年（955），南唐国开科取士，殷崇义进士及第，擢升为翰林院学士，凡诏书、敕令和外交文书等，绝大多数出于汤悦手笔，因而文名声震江南。殷崇义曾奉旨撰写《扬州孝先碑记》。"孝先"是扬州寺名，本为唐末徐知诰（即李昪，南唐中主李璟之父，后主李煜之祖）在扬州的宅第。李氏建国后，改宅为孝先寺。殷崇义此文一出，朝野传抄，广为流布。中主李璟由此器重殷崇义，拜其为吏部尚书。后周显德五年（958），后周与南唐发生战争，南唐惨败，殷崇义临危受命出掌南唐宰相职权，以其宏图大略的治世之才力挽狂澜。殷崇义在朝中整顿吏治，在国中推行善政，使南唐举国上下齐心协力，短期内百业俱兴、国势稳定，经济得到恢复和发展。北宋建隆三年（962），南唐成为宋朝附庸国，殷崇义为避太祖父亲赵弘殷之讳，遵照礼数，改名"汤悦"，因汤读音为"商"，故世人又称其为"商崇义""商悦"。北宋开宝八年（975），南唐国灭，后主李煜率汤悦等 50 余人束装赴宋朝都城汴梁（河南开封），中途汤悦为守臣节而欲自尽，幸被救起而免于一死。宋太祖久慕汤悦文名，见其神貌异常，大喜曰："卿之贵异，他日无比者。"任命其为翰林学士。宋太宗登基后，拜汤悦为太子少师詹事，将皇太子托付于汤悦教导。东宫官因多属兼职，只要太子即位，东宫官随即解职，唯独太子少师非经顾命，不得解除，由此可知宋太宗对汤悦的宠信是无与伦比的。太平兴国八年（983）始，汤悦除参修《太平御览》和《太平广记》外，还编修过《江南录》10 卷，自称有陈寿史体之风格，为当时人所称道。

徐铉（916—991，图五），字鼎臣，广陵（今江苏扬州）人。徐铉幼年聪慧，10 岁能文，先仕吴，后仕南唐。史书记载，南唐为北宋属国时，派徐铉前往进贡。按照惯例，北宋应该派官员监督陪伴。但是，朝中大臣都以自己口才不如徐铉而胆怯，无人敢于承担此任。南唐被北宋灭亡后，徐铉随李煜一起降宋。在觐见宋太祖时，赵匡胤责怪他为何不早劝李煜投降，徐铉镇定地回答说："臣在江南为备位大臣，不能阻止国家灭亡，罪当死，还有什么好说的？"太祖闻言十分高兴，安抚他说："卿乃忠诚之臣，往后请把朕当作李氏一样侍奉。"于是封其为太子率更令，就是太子太傅，专门负责教导太子，其人受北宋倚重可知。在南唐时，徐铉文章议论与韩熙载齐名，人称"韩徐"；又与弟徐锴俱精通文字学，号"大小徐"；曾与句中正等共同校订《说文解字》，增补 19 字入正文，又补 402 字附于正文后，经他们校订增补的《说文解字》世称"大徐本"。

张泊（934—997），字师黯，一字偕仁，滁州全椒（今安徽全椒）人。少有才俊，阅读广泛，才学满腹。南唐时举进士，官至知制诰，就是掌管起草诰命的官员。南唐灭亡后，他跟随后主李煜入宋，受到重用，先是任地方官，后任礼部侍郎、太仆少卿、参知政事等。张泊是个很有争议的人，性情多变，史书对其褒贬不一。宋兵攻打南唐时，他极力劝说李煜拒不投降，并起草蜡书调遣救兵。然而，南唐终究不敌宋军，很快宋兵进入金陵城内，张泊为对后主表忠心，和陈乔相约效死于李煜之前，陈乔履约而死，而他却怕死不敢自尽。见到李煜后，他辩解说："如果我们两个都死了，宋廷一旦责怪陛下久久不降之罪，谁替您申辩？"于是跟随后主一同被掳，来到汴梁。宋太祖见到张泊后，责怪他当初抗击宋兵之罪，并取出缴获的蜡书对证。张泊毫不惧怕，从容回答说："臣下所为，各为其主，如果今天为此死去，也算是尽为臣之分了。"因此之故，受赵匡胤器重。史书还记载说，张泊为人高调，好攻击别人短处，因此很少有真心朋友。他性格鄙吝，后主李煜归宋后，过着阶下囚生活，十分贫困，而张泊却多次前去讨要资金，满足自己私欲。李煜没有办法，多次拿出白金器具给他变卖，但张泊仍不满意，嫌弃不是黄金。在诗文创作上，张泊倒可圈可点，他通读释道书，文章清赡，文通辞达，著有文集 50 卷。

　　吴淑（947—1002），字正仪，润州丹阳（今江苏丹阳）人。南唐保大间（943—957）进士。吴淑心地善良，当宋兵围困金陵时，城中缺少食物，居民多饿死，邻居一家父母双亡，唯存两个幼小的女儿。吴淑心生恻恻，随即将姐妹二人收养过来，视同己出，待二女长大后，吴淑又给予丰厚奁资，送她们出嫁，因此之故，时人对吴淑称赞有加。吴淑归宋后，官至职方员外郎，就是兵部职方司副司长。他曾上表说："天下山川之险要，皆王室之险要，国家之急务。因此《周礼》上记载职方氏掌管天下图籍。当年汉高祖入关的时候，命萧何收集秦代典籍，以此周知天下地势和险要，为日后统一天下打下了基础。望各路（路是宋代地方一级行政机构，类似于今天的省）每十年摹画本路地图送给职方备用。"（《宋史》本传）宋太祖十分赞赏，很快落实。吴淑非常博学，尝献《九弦琴五弦阮颂》，受到宋太宗厚赏。又编撰《事类赋》百篇，为类书中别具一格者。先后参与《太平御览》《太平广记》《文苑英华》等的修撰。吴淑性情纯静好古，词学典雅，有文集10卷，撰《说文五义》三卷，著《江淮异人录》三卷、《秘阁闲谈》五卷等。

　　舒雅（？—1009），字子正，歙州新安（今安徽歙县）人。舒氏为当地有名的书香人家。舒雅自幼好学不倦，他给自己订立一个读书目标，每夜以读完两盏灯油为限，油不尽则不寝息。他才思敏捷，作文赋诗，立笔而就，常将自己创作的诗文读给名家赏析，聆听行家里手的评论。有时也读给老妪们听，从旁察看她们的感受，是否懂得诗文中的字句含义。弱冠后，舒雅为应考进士做了充分的准备，他特地奔赴金陵求师。时任吏部侍郎韩熙载的文章天下知名，舒雅就想拜韩为师。为了表示自己的敬意，他沐浴三日，吃斋三天，尔后才背着书囊，徒步奔往韩府，伏拜在韩熙载门前阶下，呈上自己所作诗文。韩熙载初不以为然，但粗略阅读两篇后，大为惊奇，连连称好，于是令仆人打开中门，亲自迎接于堂上，收为弟子。韩熙载门人有数十之多，大家传阅了舒雅的诗文后，一致佩服，公推为韩门第一。南唐保大八年（950），韩熙载主持进士考试，舒雅以会试第一名，被推荐给中主李璟，经李璟亲试后，钦点为殿试第一名，成为状元，他是歙县和徽州历史上第一位状元。之后，舒雅被授予翰林院编修之职，编纂国史。南唐灭国后，舒雅随同后主李煜入宋，被任命为将作监丞，就是掌管土木工程的政令。不久，鉴于舒雅的才学，宋廷又擢升他入阁充任校书郎，编校书籍。除《太平御览》外，舒雅还参与编撰《文苑英华》，校定各类经史图籍等。舒雅还是西昆体诗人之一，作品被收进《西昆酬唱集》中流传后世，诗的内容大多是吟咏宫廷生活、男女爱情、日常景物之类，以及文臣间唱和之作。

吕文仲（？—1007），字子臧，歙州新安（今安徽歙县）人。父裕，为南唐歙州录事参军，即地方监察官。吕文仲于南唐末举进士，官至大理评事，就是大理寺的属员，可以参决疑狱。入宋，授太常寺太祝，主管祭祀礼乐等，后升迁为少府监丞。少府监在古代社会掌山海地泽收入和皇室手工业制造，为皇帝私府，由此可知吕文仲很受帝王器重。太平兴国年间，宋太宗经常到便殿阅经史、观碑刻，召唤吕文仲、舒雅等陪读，命吕文仲读《文选》《江海赋》等。不久，委任吕文仲为翰林侍读。雍熙初年（984），吕文仲随从侍书王著出使高丽，因为他富于辞学，善于应对，因此归国后受到朝野一致好评，后来出使高丽的官员，都要率先登门拜访，询问与高丽有关的各种掌故。其后，任左谏议大夫、刑部侍郎、集贤院学士、御史中丞等职。

阮思道，生卒年不详，字思恭，建阳（今福建建阳）人。关于阮思道生平，史书流传下来的不多，倒是《湘山野录》关于潘阆的传说中，涉及了他。潘阆二十多岁的时候，不小心卷进了宋太宗和秦王的帝位之争中，受到朝廷通缉，他仓皇出逃，隐姓埋名，乔装打扮来到了阮思道家中。阮思道是个聪明人，留下他会招来灾祸，不留对不起朋友，情急之下，他假装没有认出来，把一大笔钱扔在桌子上，自己骑马出门了。潘阆心领神会，看看四下无人，拿起钱就跑。阮思道在南唐时曾中进士，入宋后为史馆检讨，历任韶州、衢州和永州知州，嘉靖《建阳县志》卷七称其"有政声"。

王克贞（929—988），字守节，庐陵（今江西吉安）人。史书记载他人长得风骨峻整，幼年时就善于撰写文章。南唐保大十年（952）进士及第，官至枢密副使，这是一个掌管接受表奏及向中书门下传达帝命的官职，因为可以接触帝王，虽地位不高，但倍受重视。归宋之后，授太子中允。据《梦溪笔谈》记载，久为幕职官而不得提拔、累积了较高资格的人才给予安置太子中允，所以被任命为这一官职的，多是那些仕途潦倒不得志之人。但王克贞估计不是此类情况，因为宋太宗后来了解到他的文名，特命值舍人院，这是帝王和太子都非常亲近的属官。据传，王克贞所拟诰命典正一出，时人争相拜读，大有洛阳纸贵之势。后来，他出任地方官，先后在滑州、襄州、梓州三地任知州，所到之处，皆有政声。

三、四位前朝旧臣

公元 960 年，赵匡胤陈桥驿兵变，黄袍加身，登上了帝位，北宋建立了。北宋是承袭五代时后周而建国的，因而其前朝为后周。《太平御览》众多编者中，有四位属于前朝旧臣，在编纂过程中起到了举足轻重的作用。

扈蒙（915—986），字日用，幽州安次（今河北廊坊市）人。入宋之前，扈蒙历经三朝，在后晋时中进士，又在北汉和后周做过官。归宋后，他由中书舍人迁翰林学士、知制诰，充史馆修撰等。扈蒙为人沉稳厚道，不谈别人是非，喜欢佛教经典，不喜杀人，缙绅士大夫们称他是善人。不久，同年仇华犯罪受到惩处，扈蒙不计后果，在太宗面前为之辩解，受到降职处分。扈蒙还有爱笑的毛病，即使在隆重的场合也控制不住，多次在皇上面前失声大笑，君臣都知道他这个毛病，故大家并不在意。《宋史》本传称其"少能文"。《太平御览》外，还先后参与编撰《五代史》《古今本草》《太祖实录》等。扈蒙诗文创作颇丰，有《鳌山集》20卷传世。

李穆（928—984），字孟雍，开封府阳武（今河南原阳县）人。后周显德间（954—960）进士，入宋后官至左谏议大夫，是一个专掌议论的四品官。李穆自幼聪明，能属文，一改五代以来华靡之风，独用雅正。一次，太祖赵匡胤与大臣卢多逊聊起李穆说："李穆性情仁善，除了爱写文章外，其余一无所好。"卢多逊回答说："李穆操行端直，遇到大事忘记生死，决不易节，真是仁而有勇之人啊。"李穆去世后，太宗闻知，痛哭不已，对近臣说："李穆乃国之良臣，朕正要重用其人，想不到突然下世了。这不是他的不幸，乃是朕的不幸也。"随后，太宗还亲临其丧，沉痛吊唁，复又谥封李穆工部尚书官衔。一个臣子受此尊贵，虽死无憾。

赵邻几（922—979），字亚之，郓州须城（今山东东平县）人。少好学，能属文。周显德二年（955）进士。入宋，召为左赞善大夫，掌传令、讽谏、赞礼仪、教授诸郡王（指太子之子）经籍等。赵邻几曾向朝廷献颂，受到太宗嘉奖，提升为知制诰，负责起草朝廷制诰、敕敕等文书，可惜一个多月后，他就病逝了。史书还记载说，赵邻几的儿子因为尽忠职守死在边疆，比赵邻几去世还早。赵家生活极为贫苦，所剩三个女儿都很小，家无田地和房产，赵家仆人赵延嗣很重旧情，不忍离开，便竭力为三女提供衣食。十多年后，赵家三个女儿都长大了，因为男女避嫌，赵延嗣从未见过她们的面容。他来到京师拜访赵邻几故旧，为三个女儿谋划出嫁之事。宋白和杨徽之知悉缘由后，十分感慨，把赵邻几三个女儿接回京师，并选择了好人家嫁出去。

宋白（933—1009），字太素，又字素臣，大名（今河北大名县）人。在北宋官至吏部尚书。其人学问宏博，撰写文章思维敏赡，但是辞意放荡，缺少法度。《宋史》称他"善谈谑，不拘小节"。史书记载宋白这样一件事：宋太祖时，宋白主持科举考试，收受他人贿赂，在评选时有所偏袒。他怕红榜贴出后，别人会有争议，于是先列出中举人的名单报告给皇上，想假装是皇上旨意来为自己开脱。宋太祖十分愤怒地对他说："我让你去主持科举考试，中举名单应当是你自己决定，为什么要向我报告？我怎么知道这些人适不适合呢？如果红榜贴出后遭到别人非议，我将你斩首向天下人谢罪！"宋白极其恐慌，马上更改红榜，让它符合人心之后再公布。

四、四位背景不详

由于历史久远，史料对于《太平御览》编者生平也有记载缺失的情况，难以了解他们的背景。这样的编者共有李克勤、陈鄂、徐用宾和董淳四位。其中，李克勤故国为五代时南方十国中的陈，入宋后一直做着太平官，没有大功，亦无大过。陈鄂故国不详。陈鄂在太祖时期曾因别人诉讼，由太子中舍权判国子监任上被免官为民。太宗即位后，很快官复原职，与他人一同修订了几部较有影响的书籍。徐用宾，除《太平御览》序表明其参与修纂该书且中途因故调出外，事迹一无可考。董淳，善文章，太宗时为工部员外郎、直史馆奏诏等，余不详。

五、遗漏学者张宏

一直以来，研究《太平御览》的学者，多以为仅有上述 17 名编者，但是笔者通过相关史料考知还有一位长期被遗漏的编者——张宏。

张宏（938—1001），字臣卿，青州益都（今山东青州市）人。张宏一生突出成就并不在文学创作和书籍编纂上，而是在政务上，他多次外任，职务多变。太平兴国二年（977）中进士，曾任职于宣、遂等州，以勤于政事闻知朝廷。太平兴国六年（981），出为陕路转运副使。"转运使"在宋代是主管运输事务的中央或地方官职。这时候，张宏的职位类似于今天的省交通厅副厅长。雍熙三年（986）充枢密直学士，赐金紫。端拱元年（988）改工部侍郎，再为枢密副使。淳化四年（993）二月，他以礼部侍郎的身份权知开封府。"权知"就是暂时代理的意思，相当于今天开封市代市长。至道初（995），出知潞州，终知审官院通道银台封骏司，最高做到御史一职。咸平四年（1001）卒，年 63 岁，赠左仆射。

《宋史·张宏传》明确记载他"预修《太平御览》"，再清楚不过地交待了张宏参加修纂该书的史实。明嘉靖《山东通志》说："宏太平兴国中举进士，为将作监丞，迁著作郎，预修《太平御览》。"明万历《保定府志》亦云："（张宏）迁著作郎，赐紫绯鱼，预修《太平御览》，历左拾遗。"因此，可以断定张宏为《太平御览》纂修人员之一。至于为什么《玉海》《太平御览》宋版卷首会把他遗漏，推测起来，原因大概在于以下几方面：

第一，《太平御览》一书编成于太平兴国八年（983），由于多种原因，没有及时雕版付梓，北宋仁宗年间（1023—1063）始有刻本流传。几十年过去了，误传误刻在所难免。如卷首标明李昉职位就与书成之时其人官位不合，加以宋蜀刻本也并没有把后补的李克勤、徐用宾和阮思道三人列入，因而各本和各研究资料漏掉张宏也是可以理解的。

第二，宋太宗招抚前朝旧臣充实史馆，编修书籍，其中不免有优厚之意，卷首所注明14人均属此类。而张宏虽也来自前朝后周，但他高中进士却是在太宗朝，从这个意义上来说，他是区别于其他纂修人员的"另类"，属于鼎革之后的新朝人物，加以没有始终其事，是否被人故意漏掉，亦未可知。

第三，张宏本身原因。张宏其人，《宋史》评论他"循谨守位，不求赫赫之誉，历践通显，未尝败事"。也就是说，张宏这个人没有强烈的仕途私欲，正是这种淡然的、与世无争的为官之道，当朝和后世对之评价不是很高。宋王称《东都事略》说："张宏循默，故罢其政。"用现在的话说，张宏是个好好先生，一生谨小慎微而无所作为，时人对他已经表示不满。因而，有意或无意间遗忘他在编修《太平御览》方面的事迹，也就不足为奇了。好在后人撰写史书并无个人偏见，还是记下了他在这方面的历史贡献，使我们尽可能地得以了解《太平御览》修纂者的情况。

六、人员大致分工

宋太宗之所以任用李昉等人编撰《太平御览》，与各位编者深厚的学术素养有很大关系。如吴淑既是赋学大家，也在小学研究上有独到贡献，他尝取《说文解字》有字义者1800余条，撰《说文五义》三卷。由于该书已佚，所以今人难以窥其面目，清谢启昆《小学考》收录其存目。另一位编者陈鄂著有《十经韵对》20卷、《四库韵对》99卷，并参与详定《玉篇》《切韵》，参与修订《尚书》《孝经》《论语》和《尔雅》等的陆德明释文。而徐铉的学术成就在古代学术史上影响更大，主要体现在校订《说文解字》上，他改正传写讹误，驳正唐代李阳冰刊定《说文解字》谬误，略加解说，辨正别体俗字，又增益许慎未收的经典用字。《说文解字》经徐铉校订后，是后世研究文字学和学习小篆者必读之书。

上有所好，下必甚焉。宋代帝王对艺文的雅好，促进了士人对文学创作的极大热情，文学成就有目共睹。《太平御览》编者闲暇时大都进行文学创作，绝大多数有作品传世，他们文学上的素养一方面适应了宋代以文治国的社会风尚，另一方面在编纂书籍上面有着独到的鉴赏眼光。他们所修纂的《太平御览》中大量引用古诗文，体现出深厚的文学功底。

至于编纂人员分工，根据史料记载，可知自始至终纂修《太平御览》的仅有吴淑、吕文仲、王克贞三人，其他人员则陆续改任别职。如李昉和扈蒙两位虽然是总纂官，但是《太平御览》开修不久，李昉便出使吴越，不久又从征太原，而扈蒙亦在开修不久换了工作，从事纂修《太宗实录》，不久亦从征太原去了。

根据修纂人员的出身背景、文学创作和学术成就等综合考察，他们在编纂过程中的分工大概如下：李昉和扈蒙作为总纂官，负责全面工作；舒雅除编纂《太平御览》外，还参与《续通典》和《七经疏义》的编纂和修订工作，对于儒家经典非常精通，由他负责从儒家经典书籍上摘引文字，应该具有权威性；徐铉为《说文》专家，小学功底非常深厚，而《太平御览》对于前代小学书籍《说文》《尔雅》《方言》《释名》等引用颇多，凡是可以通过小学经典解释的名物尽可能都给予解说，因此，由徐铉来做这方面的工作应该是当之无愧的；吴淑所编著《事类赋》在古代赋学史上占据很高地位，他还多方留意小说创作，因此，在《太平御览》中收集的很多志怪小说，当为吴淑之功；吕文仲、宋白和李穆在修纂《太平御览》的同时还参与另外两部很有影响的大书《太平广记》和《文苑英华》的编纂，《太平广记》所选以小说为主，《文苑英华》则以诗文为主，他们理应负责搜集野史笔记资料。其他人大多进士出身，也有参与其他书籍编纂的经历，但囿于史料，不便考知具体分工。

第三节 编纂过程

关于《太平御览》开修时间，宋人王应麟《玉海》记载为"太平兴国二年（977）三月戊寅"，"戊寅"旧历为十七。宋代相关史料，如郑樵《通志·艺文略》、晁公武《郡斋读书志》、陈振孙《直斋书录解题》、李攸《宋朝事实》、后人所编的《宋大诏令集》等均明确说明《太平御览》开修于"太平兴国二年"，这些著作均去太平兴国不远，看来开修时间在太平兴国二年三月戊寅的说法是可信的。而关于完成时间，史书有过明确记载，王应麟《玉海》和李廷允跋都说是太平兴国八年（983）十二月庚辰，"庚辰"旧历为十九。不过，今人聂崇岐先生（1903—1962）考证《太平御览》的完成时间在太平兴国七年，近人郭伯恭先生也认可这个说法。然而，聂先生和郭先生最终没有举出新史料，难以为信。因此，《太平御览》的纂修时间可以认定为始于太平兴国二年，完成于太平兴国八年，前后经过了六年时间。

在修纂过程中，有几个问题需要厘清，比如最初的名称是什么、有哪些编纂人员、如何获取资料、如何利用前代类书，等等。

一、《太平御览》初名是什么

清代著名学者纳兰容若曾对古代类书取名问题做过研究，认为古代类书名都十分华丽。他在《渌水亭杂识》中列举古代类书名最常用的词汇有编珠、合璧、雕金、玉英、玉屑、金钥、金匮、宝海、宝丰、龙筋、凤髓、鳞角、天机锦、五色线、万花谷、青囊、锦带、玉连环、紫香囊、珊瑚木、金銮香蕊、碧玉芳林，等等。类书取名多用华丽字眼，有两方面考虑：一是以"编珠""合璧"等命名，能够反映出类书内容的驳杂性；二是取一个华丽名称，有助于吸引读者，尤其是明清时代，坊刻类书出售更需要一个好听的书名。此外，古人给类书取华丽书名，能够显示出类书与其他书籍的区别，同时他们也兼顾了类书内容，如《太平广记》《玉海》《碧玉芳林》《喻林》《群书备数》等，显示出内容的广博；《编珠》《文选锦字》《瑶山玉彩》《法宝联璧》《法苑珠林》《小学绀珠》等，表明内容之精要；《居家必用》《务学须知》等，交代类书的作用。

当然，古代类书的命名也不全走"华丽"路线，有以修书地点命名的，如《北堂书钞》；有表明编纂者姓氏的，如《白氏六帖》；有显示类书内容的，如《艺文类聚》；还有说明类书用途的，如《初学记》《蒙求》等。

《太平御览》命名显然也没有走"华丽"路线，但其命名有一个过程。

《宋大诏令集》和李攸《宋朝事实》记载说，《太平御览》初名为《太平总类》，宋陈振孙《直斋书录解题》和元马端临《文献通考》却称初名为《太平编类》，无论"总类"还是"编类"，二者只是一字之差，孰是孰非，由于缺少更多史料记载，难以断定。不过，这个初名重在体现《太平御览》按类编排的特征，倒十分符合类书命名的一般规律。

史书对于该书改为今名的记载颇为一致。书成之后，宋太宗率先阅读，一年后读完全书，认为此书"何止名山之藏"，必将嘉惠后世，遂改为《太平御览》。其中，"太平"来自宋太宗即位后首次使用的年号"太平兴国"

（976—984），表明该书修纂的时代，而书名中的"御览"，既有历史传承性，也有历史的真实性。

作为综合性类书，《太平御览》无须点明用途，因为是奉敕修撰，也不能用编者之名命名。从《太平总类》（或《太平编类》）到《太平御览》，这一书名的变化是前有所承的，显然是受到魏文帝时期《皇览》和北齐《修文殿御览》书名的直接影响。魏文帝酷好艺文，从其一贯行事来看，他定是阅读过《皇览》的，故有此名。史载北齐武城令宋士素曾经搜集古来帝王言行要事辑为三卷，名为《御览》，《修文殿御览》之名便是承此而来，只不过把修纂地点也放在了书名里面。因此，《太平御览》书名中的"御览"依据《修文殿御览》而来，代代传承，体现了类书修纂的延续性。而更重要的是，该书的确被太宗"一年读周"，所以书名中的"御览"又是实指。今人钱亚新对于《太平御览》一名来历亦云："半承《太平总类》，以年号命名，盖因此书编辑之始末，均在太平兴国中；半以事命名，盖因宋太宗曾亲览此书故也。"（《〈太平御览〉索引》）确有道理。

二、《太平御览》编纂方法和体例有哪些

王应麟《玉海》对于《太平御览》编纂方法做过简单的交待，即参考《修文殿御览》《艺文类聚》《文思博要》等类书体例，分门别类纂辑资料。这个编纂方法也与宋太宗有关，他在阅读前代类书时，认为各书门目比较混乱，因此要求李昉等人在编纂《太平御览》时一定要克服前代类书分类之弊。李昉等人第一步工作是考察数量众多的前代类书，洞察各书体例上的长处与不足。在此基础上，根据掌握材料情况，编制出一套新体例。他们根据《易经》所说"凡天地之间其数五十有五"，把门类分为55，比较全面地概括了世间万象，其观点得到了后世肯定，这就是"分定门类"

的工作。最后，编者们广泛阅读三馆书籍，对照条目，选择引文。这是编纂《太平御览》的基本方法及步骤。

从编纂体裁来看，古代类书大致有以下几种形式：（一）征事，如《皇览》；（二）征事兼采诗文，如《艺文类聚》；（三）征集词藻典故，如《佩文韵府》；（四）编成韵语，如《幼学故事琼林》；（五）图、表、文皆备，如《三才图会》。前三种注重内容，后两种注重形式。而《太平御览》却综合各家之长，汇编各种材料，山包海涵，属于类书中的正体，即综合性类书。具体来说体例上特色有：

首先，事文兼备。古人编纂，往往"文"自成总集，"事"编为类书，"事"和"文"被分到了两种性质不同的书籍中去，这样检索起来很不方便。如早期类书《皇览》和《华林遍略》只是把有关"事"的引文按类编排，没有选取"文"的资料。第一部做到事文兼备的类书是《艺文类聚》，该书保存了自汉至隋的诗文名篇，易于读者翻检查阅。《太平御览》以《艺文类聚》为蓝本之一，继承这个编纂特点，做到事文兼备，如卷四百七十八"人事部""赠遗"类，在列举经、史、子三类书籍相关"故事"后，又汇集《古诗》、谢惠连诗、张衡《四愁诗》、张载《拟四愁诗》等一些相关的"诗文"。

当然，《太平御览》引文并非每一个部类下都是事文兼备的，作为一部涵盖世间万象的综合性类书，引文中以事为主导，文则从属于事，有文则引，无文则只引事。对于所引之文，一般只引赋和诗两类，掌故、小说则不取。造成这种情况之原因主要在于，《太平御览》所附诗文类目，多为宋初诗文创作所偏重的内容，且在编纂《太平御览》的同时，他们另搜辑小说，编为《太平广记》，搜辑诗文，编为《文苑英华》，从这个意义上说，《太平广记》和《文苑英华》当为《太平御览》的姊妹篇。

其次，存者不录。李昉等人在编纂《太平御览》时，面对浩如烟海的资料，如何取舍，成了他们首要考虑的问题。最后定下了存者不录原则，即书籍编著者如果还在世，这类典籍便不能作为引文来源。经过笔者查阅得知，《太平御览》从中收录引文的书籍成书时间最晚者当为《旧五代史》。《旧五代史》是由宋太祖下诏编纂的官修史书，始于宋太祖开宝六年（973）四月，次年闰十月甲子修好，前后仅用时一年半左右，成书如此迅速，主要在于宋太祖十分重视，薛居正等纂修人员水平高，且去古未远，可资参考的史料相当齐备。需要说明的是，薛居正卒于太平兴国六年（981），是年《太平御览》仍未编好，当然应该征引《旧五代史》的史料了。

《太平御览》引文存者不录的编纂体例，对当时及后世类书（也包括总集、丛书）编纂有很大的示范作用。《文苑英华》紧承其制，当时还健在的文人作品一概不收，并且以时代为序，唐前多标注时代。宋真宗时编纂《册府元龟》、清张英等编《渊鉴类函》、康熙时期修纂《古今图书集成》也基本遵循这一做法。

最后，突出中心词。《太平御览》全书分为5474小类，引文围绕小类，这样小类名称就是引文的中心词，即是说全部引文都要出现小类的名称，以卷七十四地部三十九"岸"类为例，引文依次为（引文中着重号为笔者所加）：

《尔雅》曰：重涯曰岸。

《诗》曰：高岸为谷。

又曰：淇则有岸。

《晋书》曰：殷仲堪于江滨见流棺而葬焉，旬日之间，门沟忽起为岸。其夕有人自称感君之恩，堪因问岸何祥也？答曰："水中有岸曰州，君将牧州。"言终而没。至是，果得荆州也。

《水经注》曰：船官浦东即黄鹄山，林间甚美，谯郡戴仲若野服居之山下，谓之黄鹄岸。

又曰：昆明池有金堤石岸，益州有金堤。

《孙卿子》曰：泉生珠而岸不枯。

《太平御览》引文方式基本如此，但同一引文中有若干中心词，即同一引文可以划归不同小类时，则不厌其烦地分别引用。如汉武帝妃子钩弋夫人出生时手中握有一钩，甚为神异，多部书籍记载此事，《太平御览》卷一百四十四皇亲部"夫人"引《史记》曰："孝武钩弋赵婕妤，昭帝母也，家在河间。武帝巡狩过河间，望气皆言此室有奇女。天子亟使使召之，既至，两手皆拳，上自披之，手即伸，由是得幸，号曰拳夫人。"同样，在卷一百三十六皇亲部"孝昭赵皇后"类、卷一百七十三居处部"宫"类、卷三百五十四兵器部五十八"钩镶"类、卷三百七十人事部"手"类和卷七百五十四工艺部十一"藏钩"类，都有这段引文。但是由于各类中心词不同，所以引文服务对象有异。这种引文方法的好处在于方便翻检，缺点是重复太多。

三、宋太宗是如何关注纂修工作的

《太平御览》编纂期间，宋太宗十分关心工作进展，他多次前往三馆（史馆、昭文馆、集贤院，《太平御览》等大书在此修纂）垂询。一次，适值雨天，雨水倒灌进了史馆，馆为后梁时建筑，近闹市，地势低洼，这次雨水浸泡了部分藏书。太宗十分痛心，当即诏令新建一座史馆，把藏书都搬进去，同时把李昉等人迁到新馆修书。太平兴国八年（983），《太平御览》终于修好了，太宗闻知，龙颜大悦，马上要侍臣日进三卷，细细阅读，不放过任何一个字。每天晚饭后，他在寝宫书房中，就着明亮的烛光，翻着散发着墨香的《太平御览》（图七），完全沉浸到精彩的内容中去了，不顾多位侍臣读书太久容易伤神的劝告。

一次罢朝后，宋太宗又急匆匆来到书房，捧着《太平御览》阅读，此时，一只白鹤从宫外飞来，落到了殿前的乌桕树上，静静地待在树上，凝望着宫内一切，似乎被宋太宗读书情形吸引住了。两个时辰后，太宗读完了三卷，放下书来，伸了一个长长懒腰，白鹤好像也倦了，扑棱一声飞起，朝东南方向飞去，还不忘时时回首。第二天上朝，太宗把这件事讲给大臣们听，左右大臣说："过去汉代大儒杨震讲学，有鹳鸟衔鳣鱼坠于堂下。陛下读书如此，有类古人了。"太宗闻听，哈哈大笑，更加用心阅读《太平御览》了。

太宗从《太平御览》中读了大量史实，经常和群臣讨论历史上的帝王得失。大臣苏易简说："皇上批阅旧史，安危治乱，尽在陛下考虑之中。此乃社稷无穷之福。"宋太宗笑着说："朕以为打开这本书，见到前代兴废缘故，肯定会有所收益。这一套书，不过千卷而已，一年之内，我打算看完它。凡喜欢读书之人，总有读书乐趣之所在；若不好读书之人，恐怕按他脖子，他也是读不进去的。"宋太宗坚持每日读三卷，从不间断，如有哪一天事情太多而未能读满三卷，则一定在以后有空时补上，一年以后，果然把这部千卷巨著读完，从这个意义说，太宗赐该书名曰《太平御览》，真是名副其实啊。

第四节　资料来源

《太平御览》皇皇千卷，近 500 万字，编纂如此大书，必须有充分的文献来源和保障，要大量引用各种古籍。《太平御览》引用古书的数目有三种说法：卷首《太平御览经史图书纲目》列举 1689 种，这个纲目讹误非常多，不可信；范希曾在《书目答问补正》中统计《太平御览》引书达 2800 多种，他是把诗、赋、铭、箴之类都计算在内而得出的，事实上，因为古代文章有单篇别行的情况，所以这类诗、赋、铭、箴等不能算作书籍，只能是文章；近人马念祖编纂《水经注等八种古籍引用书目汇编》时，在序言和凡例统计《太平御览》引用古书时，给出一个确切的数字 2579 种，他是除去范希曾统计中重复数字而得出的，得到学术界的认可。李昉等人编纂《太平御览》时，宋朝建立仅仅 17 年，十分短暂，他们是如何在短时间内获取大量资料，保证编纂工作进行的呢？

一、利用三馆藏书

太平兴国二年(977)的一个夏日，经过半个多月的淫雨，天终于放晴了，宋太宗早朝之后闲来无事，命起驾往三馆，视察不久前从地方征集来的典籍。但是，当他来到三馆后，看到的场景却是"湫隘卑痹，仅蔽风雨，周庐徼道，出于其旁，卫士骈卒，朝夕杂喧"（《玉海》卷一百五十六），可以说不忍卒视。酷爱文化的宋太宗看到这场景，十分痛心，对左右说："这个地方如此杂乱，积水满地，怎么能够用来贮藏天下图书？如何在这里蓄养天下贤俊？"当即拍板，召集负责官员丈量左升龙门东北府附近的一块空地，重新为三馆建造馆舍（图六），用于藏书和储备贤才。

先秦时期，周有藏室，春秋有盟府，西汉有石渠、延阁、广内和密室，东汉有兰台、东观，从晋到隋建秘阁，而唐五代以来则设立三馆，以上各代国家藏书之地保存古籍，延承文化之功不少。宋代承袭唐、五代之制，以昭文馆、史馆、集贤院为三馆，但总称为"崇文院"。院的东廊为昭文书库，南廊为集贤书库，西廊为史馆书库。三馆藏书以史馆为主，史馆书库内又分为经、史、子、集四个书库，藏书最多、最全。宋初，不管是从南方各国征收来的图书，还是各地进献或收购来的图书，或者大臣著述之书，都先送史馆收藏，如乾德四年（966）五月，右拾遗孙逢吉到成都收集后蜀时代图书法物，运抵京师，其中的图书部分"付史馆"（《续资治通鉴长编》卷七），久之，三馆藏书日渐丰富，旧馆舍实在难以容纳，且旧馆舍建在一处低洼地，每逢淫雨连绵季节，院中积水很深，甚至常有倒灌入室发生。这次宋太宗前来视察，正值雨后，积水不散，人员杂沓，龙颜不悦，敕令另造新馆，也算是图籍有幸。

宋初三馆藏书具有以下特色：

一是储藏丰富。三馆建成之后，宋初各位帝王，尤其是宋太宗非常重视藏书工作，多次亲自过问藏书情况。"端拱元年（988），就崇文院中堂建阁，以三馆书籍真本并内出古画墨迹等藏之"（《宋史》卷一百六十四），"淳化二年（991）五月，以史馆所藏天文、历算、阴阳、术数、兵法之书凡五千十二卷，天文图画一百十四卷，悉付秘阁"（《文献通考·经籍考总叙》）。《文献通考·经籍考》载，宋初三馆藏书仅12000卷，几年以后，随着王朝兴盛，图书收集规模不断扩大，藏量不断增加，到太平兴国三年（978）已经多达8万余卷。

二是书籍来源渠道多。宋太祖建国之初，每平定一地，马上派官员尽收当地图籍以充实三馆。同时，国家采取措施，各方询求，凡有献书者，视其书籍价值及献书人之能力委以官职。宋太宗执政后更加重视典籍收藏工作，雍熙元年（984）颁布了《访求三馆阙书目诏》，规定给献书者以非常丰厚的奖励："若臣僚之家有三馆阙书，许诣馆进纳，及三百卷以上者，与一子出身；不及三百卷者，据卷帙优给金帛；如不愿纳官者，借本缮写，写毕却以付之。"（宋杨亿《太宗实录》卷二十八）

三是图书分类合理，便于查找和利用。三馆馆臣领导或协同其他藏书部门先后编纂了《乾德新定书目》《太清楼书目》《崇文书目》《龙图阁书目》《玉辰殿书目》《秘阁四库书目》《大宋史馆书目》《秘书总目》《中兴馆阁书目》《中兴馆阁续书目》等，程千帆、徐有富两位先生说："可见宋代三馆、秘阁及各藏书处所均编有目录，藏书目录实际上反映了对藏书进行整理的成果。"（《校雠广义·典藏编》）

四是三馆人员分工明确，有一套行之有效的管理方法。程俱《麟台故事》非常详细地介绍了三馆的职能以及各馆官员的职责。以集贤院为例，其人员分工为："宋集贤院大学士一人，以宰相充，学士无定员，以给谏卿监以上充；直学士不常置。掌同昭文。判院事一人，以两省五品以上充；或差二人。"宰相充当集贤院大学士，足见宋朝对三馆管理的莫大重视。

宋代三馆及后来建成的秘阁，主要功能是作为国家图书馆收藏典籍，还掌管图籍编纂、校雠之事，同时也是储养名流俊贤、培养朝廷官员的场所。馆臣身居三馆并非"老死文字间"，他们待遇丰厚，地位显赫，"昭文馆、集贤殿置大学士，史馆有监修国史，皆宰相兼领；昭文、集贤又置学士、直学士"（《宋会要辑稿·职官》）（图八）。李昉、徐铉、张泊等人便藉此踏上更为宽阔的仕途。

《太平御览》成书历时约七年，宋版前引书纲目记载引用书籍1689种，范希曾《书目答问补正》以为引用之书有 2800 多种，这是把诗、赋、铭、箴等都计算在内而得出的数字。如此庞大的引用书目，如果没有三馆丰富的藏书是不可想象的。

二、朝廷组织校书、编书和刻书活动

宋代自建立起，政府注重收集图书的同时，也非常重视图书的校雠和编纂工作。尤其是《太平御览》的修纂者们，对目录、校勘和版本之学有着丰富的专业知识，他们编辑类书的过程就是对于古代图籍的整理过程。淳化五年（994），诏选官分校《史记》、前后《汉书》，吴淑、舒雅等参与此事。其后，馆阁相继所校的书籍计有：《三国志》《晋书》《周礼》《仪礼》《公羊传》《穀梁传》《孝经》《论语》《尔雅》《南华真经》《列子冲虚至德真经》《道藏》《南北史》《隋书》以及李善所注《文选》等。更有甚者，三馆阁员连刚修纂不久的《文苑英华》也重新校订付梓。

一边校书，一边纂修，三馆承担着宋代图书整理与编辑的繁重任务，馆阁学士大都是从科第中有学问的青年中选拔出来的才学之士。政府任用这些人担任藏书的校勘、整理和修撰，是看重他们有较高学养，馆臣们有充足时间从事图书整理、书目编撰，三馆藏书质量不断提高。据宋程俱《麟台故事》记载，在《太平御览》修纂前后，三馆组织编修的其他大型书籍还有：

《文苑英华》1000 卷，李昉等编；

《太平广记》500 卷，李昉等编；

《续通典》200 卷，宋白等纂；

《七经疏义》170 卷，邢昺等著；

《历代君臣事迹》（卷数不详），杨亿等修；

《册府元龟》1000卷，王钦若、杨亿等纂（图九）；

《太宗实录》80卷，杨亿等撰；

《大中祥符封禅记》50卷，陈彭年等撰；

《国朝会要》（卷数不详），王洙等编；

《崇文院总目》66卷，王尧臣等编；

《经武要略》（卷数不详），王存等编；

《九域志》10卷，赵彦若等编。

刻书方面，宋初沿袭五代传统，把雕版印刷事业推到黄金时代。在五代奠定的基础上，北宋中央政府继续刻印图书，中央刻书机构有国子监、崇文院、秘书监、太史局、德寿殿、左司廊局等。其中，国子监刻书数量最多，质量最为上乘，故清代学者叶德辉说："宋时官刻书有国子监，历朝刻经、史、子部见于诸家书目者，不可悉举。"（《书林清话》）

除国子监之外，其他政府部门和地方官署也都刻书、印书，全面开展政府刻书事业，私家和坊间刻书也有了更进一步的发展，仅叶德辉《书林清话》卷三"宋私宅家塾刻书"条所列举就有廖莹中世绦堂等47家之多，形成官、私、坊庞大的刻书网络系统。而各级刻书系统刻书内容涵盖面广，不仅刻印儒家经典著作，还遍刻史书、医书、诸子、算书、字书、类书和名家诗文，此外，政府还编刻佛、道藏经典。私人刻书以文集最多，坊间刻书则以售卖营利为主，除了刻印经文以外，又另刻有字书、小学等民间所需用及士子应举所需读物，品类丰富繁多。

北宋各地方政府也都建有藏书机构，如江南11府，每府都有一定规模的藏书。私人藏书之风，也有了更大发展，官位稍微显赫者，家中藏书动辄数千卷，出现了许多著名私人藏书家，如北宋的江正、李淑、宋绶、王洙、田伟等,这些藏书家都收藏万卷以上,在古代私家藏书史上影响深远。

上述藏书、校书、编书和刻书等文化活动,给《太平御览》的纂修提供了丰富的文献来源,保证了编纂工作的顺利开展。

第五节 利用前代类书

文化是人类文明的重要内容,涉及方方面面,而只有那些前有所承,后有所启的文化,才是持久的,影响卓著的。作为"类书之首",《太平御览》的成功之处在于充分利用前代类书编纂成果,大量吸收古代典籍文化中的精华。明代大学者胡应麟就曾指出,李昉等人之所以能够编出如此大书,在于因袭了北齐人所编的类书《修文殿御览》,唐人所编的类书《文思博要》《三教珠英》等。而事实上,《太平御览》利用前代类书主要集中在《修文殿御览》《艺文类聚》和《文思博要》三书,今做简要分析。

一、加工利用《修文殿御览》

清光绪二十六年(1900),甘肃省敦煌县鸣沙山第 17 号石窟被打开,封藏上千年的古籍文物呈现在世人面前,这是近代文献的一次重大发现,也是中华文明的一次浩劫,因为发现不久便遭到了外国侵略分子的劫掠。其中,光绪三十四年(1908),法国人伯希和所盗走的文卷中,有唐人抄写的《修文殿御览》残卷,首尾皆残,书题、卷次及编纂者姓名均缺佚。1911 年,罗振玉考订之后,订名为《修文殿御览残卷》,现存鸟部 259 行,条目计鹤类 46 条,鸿类 18 条,黄鹄类 15 条,雉类 9 条,共存 88 条,引书 66 种(注中所引尚有 6 种),引用最晚典籍至南北朝时的晋、宋。

　　《修文殿御览》是北齐后主高纬时代的一部官修类书。领修人祖珽精于文章之外，善音律，懂四夷语及阴阳、占候、医药等，知识十分渊博。为编纂该书，祖珽召集一大批文才之士参与其事，专设监撰、撰例、撰书等职位，各负其责，因而《修文殿御览》体例谨严，结构安排比较合理。该书受到后世学界推重，李昉等人在纂修《太平御览》时不仅以之为蓝本，且分类数目与之相同，也是 55 部类。李昉等人还直接抄纂了《修文殿御览》中的部分文字。近人曹元忠曾经撰写过《唐写卷子本〈修文殿御览〉跋》一文，对这一问题有比较详细的论证。如《通鉴·晋纪·考异》引祖孝征《修文殿御览》云："大安（按，应为太安）二年特大赦，改年建初元年特见杀。"《太平御览·偏霸部》引崔鸿《十六国春秋·蜀录》有此句。又如吴师道《战国策补注·秦策》有"美男破老，美女破少"一句，并说："《修文殿御览》，引作'美男破老，美女破车'。"这句话载《太平御览·人事部》引《十二国史》，不过李昉等人把"车"改作"居"。按，"车"与"居"在古语中音同，意亦同。

　　通过与《修文殿御览》残卷对照，笔者发现《太平御览》对《修文殿御览》也不全是照搬照抄，很多地方有自己的见解。如残卷"鸿"类的引文，出自《说文》等 16 种典籍，而《太平御览》"鸿"类引文出自《礼记》等 19 种典籍，两者相较，引文和书目相同的有八种，其余为《太平御览》编者另行搜集古书而得，由此而言《太平御览》借鉴了《修文殿御览》当不为过，但说全部抄自《修文殿御览》则不准确。

　　再看两者引文的编排次序，《太平御览》基本遵照经史子集四部分类法，而《修文殿御览》的 16 种引书，仅有经、子、集三部，次序很乱，前后都有经部书籍，集部夹在子部中间，实在看不出安排原则，难怪唐玄宗对此书颇有微词，指责该书"部帙既大，寻讨稍难"（见刘肃《大唐新语》）。

　　李昉等编者对于采自《修文殿御览》的引文，在类目安排上没有泥古，而是有鉴别地按照《太平御览》的类目重新分配，这种做法也是秉承旨意而为的，当初宋太宗"阅前代类书，门目纷杂，失其伦次"，对前代类书在类目安排上表示过不满，李昉等人当然要对前代类书进行符合自己意愿的整合，这种整合通过对《修文殿御览》的"加工"已经看出。

　　二、全面承袭《艺文类聚》

　　武德五年（622），大唐政府吸纳隋代科举经验，首次开科举取士。也是在这一年，唐高祖李渊为了要显示新王朝的彬彬之盛，就有了大规模的官修群书之举，他诏令著名学者欧阳询领衔开修《艺文类聚》（图十），参与修撰者共 10 人，皆一时俊彦，今可考者有秘书丞令狐德棻、太子詹事裴矩、侍中陈叔达、齐王文学袁朗、詹事府主簿赵弘智等，历时仅三年编修完毕，奏上，大行于天下。

　　《艺文类聚》的纂修，绝不仅仅为了显示新王朝的"彬彬之盛"，主要还是为当时社会的政治、经济和文化服务。欧阳询等人在编修之初，认真研究前代编纂的各种大型书籍，分别指出存在不足：如晋挚虞《文章流别集》和南朝梁萧统《昭明文选》，偏重于"文"；魏文帝敕修的《皇览》和南朝梁徐勉领衔编修的《华林遍略》，则偏重于"事"。"文"和"事"分割开来的编纂方法不便于后人使用，因而，欧阳询等人在编纂《艺文类聚》时，明言要克服上述不便，把"文"和"事"统一起来，这样可以达到"览者易为功，作者资其用"（欧阳询《艺文类聚序》）的目的，实为开创之举。

　　由于该书价值高、影响大，《太平御览》的编者非常注意从中取法，无论部类划分还是引文来源，《艺文类聚》都深深地影响着《太平御览》，是其他类书所不可比拟的。

部类设置上，《艺文类聚》分为 46 类，其分类标准没有说明，但是这个分类基本上包括了世间万物，而《太平御览》按照"凡天地之数五十有五"的古代哲学观，部类分为 55 类。两者比较，可以看出：第一，《艺文类聚》的部类划分少于《太平御览》，但是它有一个部类可以包含《太平御览》的几个部类内容的情况，如《产业部》，对应于《太平御览》的《器物》《杂物》和《资产》三个部类；《药香草部》到了《太平御览》就分为《药》《香》《百卉》《菜蔬》四个部类了。第二，《太平御览》的《逸民》《宗亲》《四夷》三个部类在《艺文类聚》中找不到相应的部类，表明这三个部类不但名称，包括内容都是新创的。第三，《艺文类聚》既有《符命部》，又有《祥瑞部》和《灾异部》，引文多交叉；而《太平御览》编者取消《符命部》，设立《休征部》和《咎征部》，避免了部类繁杂。相较而言，《太平御览》的部类安排更为科学些。

在小类设置上，两书也有共通之处。以天部为例，《艺文类聚》下列天、日、月、星、云、风、雪、雨、霁、雷、电、雾、虹 13 小类，而《太平御览》天部分为元气、太易、太初、太始、太素、太极、天部、混仪、刻漏、日、日蚀、暑、月、月蚀、星、瑞星、袄星、云、霄、汉、霞、风、相风、雨、祈雨、霁、雪、霰、露、雷、霹雳、电、霜、雹、虹蜺、气、雾、霾、曀 39 小类。类目数量上《太平御览》比《艺文类聚》多了 3 倍多，包含了《艺文类聚》的所有类目。这表明在小类划分上，《太平御览》在《艺文类聚》的基础上大大向前迈进，更细致，更全面，更丰富。

在引文安排上，《太平御览》也借鉴了《艺文类聚》的有益做法。《艺文类聚》编纂之前的类书，偏重类事，不重采文，即使从诗文中取材，也只是随意摘句。如果要查找与某事有关的诗文作品，则需要去翻检总集，总集与类书在那时是严格区别开来的。欧阳询等人已经深感"文"与"事"分离是前代类书的大缺陷，给使用者造成极大不便，于是设计了"事居其前，文列其后"的新体例，不但使类书面目一新，增加了读者临事取索的便利，而且越到后来越显示出它保存古文献的重要性，为后世建树了始料不及的功勋。

《太平御览》引文安排深得《艺文类聚》之法，传承了这一引文特色。但是需要说明的是，由于《太平御览》偏重于对经史的援引，对于"文"只是作为点缀，没有像"事"一样重视，所以很多部类只有"事"，没有"文"。对于这一缺憾，编者另修《文苑英华》，作为弥补。此外，《太平御览》编修的时候，古书多已亡佚，书中的引文有直接取自前代《艺文类聚》的，如《艺文类聚》所引史实，皆注书名，所摘诗文，皆注时代、作者、题目，并按不同文体用"诗""赋""颂""赞""表""篇"等字标明类别。《太平御览》也一样，引文注明出处，包括时代、作者和书名（篇名）等，但是，由于《太平御览》对于"文"的引用基本上以诗赋为主，因而没有刻意标明文体，不过一般而言其引"文"顺序是先赋后诗，明白了这点，亦能够辨明文体。

在引文内容取舍上，两书体现出较大差异。《艺文类聚》的内容取舍"体现出追求真善美的强烈倾向，很注意采集正面材料，摈弃反面材料"（见郭绍林《欧阳询与〈艺文类聚〉》）。如《帝王部》辑录的只是历代贤明的和无过失的君主，对那些荒淫残暴、祸国殃民和篡权夺位的统治者一概不予收录。《人部》辑录美妇人、贤妇人两个小类目，而对于丑恶的妇人一概排除，该部还以圣、贤、忠、孝、德、让、智、友悌、公平、品藻、质文、鉴戒、讽、谏作为小类目，极尽劝善之能事。因而，可以说，《艺文类聚》的引文用意正是儒家思想重视教化、重视类书潜移默化作用的表现。

《太平御览》在引文内容的取舍上却不同，其特征在"全"，即尽可能地容纳世间万物，一切美丑妍媸都能体现，重在事物间的相互比较。还以《帝王部》为例，《太平御览》注重的是正统和偏霸的设置，而不是贤明和荒淫的区别，夏桀、商纣王、秦始皇、秦二世、王莽、陈后主和隋炀帝等由于他们在历史上曾经是一代正宗的帝王，所以毫无遗留收录进来。不但如此，《太平御览》对于帝王性质的判断吸取了司马迁撰写《史记》的做法，完全从人物在历史上的影响着眼，而不仅从名位上分析，如把项羽列入《帝王部》，这是肯定了项羽在"将五诸侯灭秦"之后的一段时间里，"分裂天下，而封王侯，政由羽出"。（《史记·项羽本纪》"太史公曰"）虽没有直称帝，但在那段时间实际上充当了帝王的角色，这一历史观是比较进步的。

对于宋初已经亡佚了的书籍，《艺文类聚》如果引用了其中内容，李昉等人则直接作为资料来源，而标明的却是所引自的书目。如《齐职仪》一书，宋以后书目不见著录，亡佚时间至少在宋初，但《太平御览》却有大量内容来自《齐职仪》，这是因为《艺文类聚》引用了《齐职仪》。通过比较可知，《太平御览》关于《齐职仪》的引文是直接抄自《艺文类聚》的。当然，由于《太平御览》的编者对《艺文类聚》盲目推崇，许多引文直接搬自该书时，往往不加辨析，不可避免地沿袭其错误。如《太平御览》卷十二《职官部》"滕文公卒，葬有日矣，天大雨雪至牛目。群臣请弛期，太子不许……"一段引文，李昉等人称来自《孟子》，但今本《孟子》没有这段话。笔者查找得知惠公谏太子这件事最早记载于《吕氏春秋》，说明《太平御览》的这段引文不是《孟子》原文，应出自《吕氏春秋》无疑。但是，《太平御览》的这个错误仅仅是编者的偶误吗？答案是否定的，因为《艺文类聚》卷二《天部下》也有这则引文，标明的出处也是《孟子》。李昉等人不加辨析，没有核对原文，照抄照搬《艺文类聚》，以讹传讹。

三、部分采自《文思博要》

《文思博要》是继《艺文类聚》之后，唐代修撰的另一部大型类书，成书于贞观十五年（641），主修者为高士廉，纂修者有房玄龄、魏徵、杨师道、岑文本、彦相时、朱子奢、刘伯庄、马嘉运、许敬宗、崔行功、吕才、李淳风、褚遂良、姚思廉、司马宅相等，可谓名流云集。《文思博要》包举甚广，片言只语，在所必收。高士廉在卷首《序》中批评了前代类书普遍性的不足在于"犹多遗阙"，言明是秉承太宗旨意所纂，极言该书"天地之道备矣"。惜乎宋朝南渡之后，全书失传，仅一卷存世，令人扼腕。好在编纂《太平御览》时，李昉等人亦以此为蓝本，保存了《文思博要》的很多内容。

《太平御览》在利用前代类书时，没有一一标注类书出处，所以我们没法直接看到《太平御览》中属于《文思博要》的部分。不过，笔者利用书籍避讳问题，还是可以从《太平御览》引文中发现来自《文思博要》部分内容的。

唐初为避高祖、太宗以及帝世祖先之讳，在书籍编纂上经常使用省阙和代字等避讳方式。李昉等人编纂《太平御览》时，其引文如果还有这样的讳字则无疑是编者直接照搬自《艺文类聚》和《文思博要》了，而事实上，这种避讳情况真有。如：

1. 太宗李世民的"世"，唐人以省阙避偏讳，史书遇此字则不书。东汉河南尹邓万世，李贤注《后汉书》时作"邓万"。《太平御览》卷七百五十四《工艺部》："范晔《后汉书》曰：客星经帝座，或问袁延，延因上封事曰：'河南尹邓万有龙潜之旧，封为通侯，恩重公卿，惠丰宗室，加礼引见，与之对博，上下渫嚜，有亏尊严。'"《资治通鉴》卷五十四在述同一事时，复称"邓万世"，不取唐人之讳。按《艺文类聚》无此则引文，可以断定《太平御览》此则引文来自《文思博要》。

2. 唐高祖李渊追尊太祖景皇帝名虎，唐代避讳有以"武"代"虎"者。如晋王彪之字叔虎，唐人修《晋书》时，就改为"叔武"，唐人对其他晋代史书如《晋纪》等也改为"叔武"。《太平御览》卷三百七十四《人事部》："邓粲《晋纪》曰：王彪之，字叔武。年二十须鬓皓白，时人谓之'王白发'。"邓粲的《晋纪》在唐初仍存世，贞观二十年（646），《晋书》修成，此前的"十八家晋书"渐次亡佚，《宋史·艺文志》已不著录邓粲《晋纪》。《太平御览》此则不见于《艺文类聚》，则来自《文思博要》无疑。

3. 《太平御览》卷一百三十三《偏霸部》："……二月庚申，高祖遣侯安都周铁武……"这里的"周铁武"乃陈严威将军周铁虎也，唐人所改。今《陈书》本传和《资治通鉴》卷一百六十七等仍作"虎"。《艺文类聚》没有此则引文，可以推断出自《文思博要》。

当然，通过这种方式得到的例子不是很多，毕竟《太平御览》在采纳前代类书时，没有注明出处，加以《文思博要》失传已久，故想全面了解《太平御览》对于该书的利用情况，十分困难。

第六节 《太平御览》纂修缺陷

明人杨士奇说："盖类书如《册府元龟》《太平御览》犹或伤于泛滥不切，或杂于怪异不经。"（《东里集》卷十七）明人王樵也说："《太平御览》采辑不精，编类无法。宋朝三大书欲以包罗众家，而反为类书之极陋者。"（《方麓集》卷十五）诚然，由于卷帙庞大、转引过多和传写不精等原因，《太平御览》在纂修过程中存在问题是难以避免的，但还不至于如杨士奇和王樵所言之一无是处，两人的说法未免以偏盖全。近人聂崇岐以及今人胡道静、孙雍长、夏剑钦等对《太平御览》存在的问题分别有专文讨论，笔者综合各家之说，对《太平御览》的纂修缺陷归纳如下。

一、类目编排上有重合现象

李昉等人根据《易·系辞》所言"凡天地之数五十有五"的古代哲学思想，全书分为55部类，其下又细分为5363小类，某些小类下面又有附类，计有63附类，共有5426小类（胡道静《中国古代的类书》）。如此繁多的部类，大大超过了此前所编的任何类书。但是在求大求全思想指导下，编者对于小类安排多有重合的情况，如"庖"分见卷十四"天部"和卷八百七十八"咎征部"，"旱"分见卷三十五"时序部"和卷八百七十九"咎征部"，"瓦"分见卷一百八十八"居处部"和卷七百六十七"杂物部"，等等，不胜枚举。笔者查考得知，类目重合情况共有31种，重合太多。

从分类学角度来说，一事物具备多少种性质，就可以分属于多少类属，但是一级类属应该是固定不变的。上述各类大多分入两部，而"太白山、岷山""何国""伽色尼""玃"居然在同一部类中出现两次，这不能不说是编者的明显失误了。胡道静认为《太平御览》小类安排上出现了重复情况，不但造成了分目上的架叠，也给编制体例带来了混乱。聂崇岐也说："即令一事一物可以分入二部，如'旱'可入时序亦可入咎征，'瓦'可入居处亦可入杂物，但于后者存其名而使与前者互见矣，何必又逐条钞入，徒增篇幅哉！"（《太平御览引得·序》）

上面提到的一事物分属两类的问题，多应该合二为一，或作说明。而有的门目中又有该分而没有分立者。如卷九百九十三"女青门"引《罗浮山记》："又有男青，似女青。"这里"男青"应该与"女青"分开，另立一门。当然，一门之中只有一则材料的情况在《太平御览》中比比皆是，这种情况是否要专门分为一类，似可商榷。此外，有的部类包含小类太多，编者有不耐其烦的做法，如羽族部先把 114 种鸟作为小类分述，但剩下的还很多，按道理也应该一一分为小类，李昉等人在卷九百二十八用一个小类"众鸟"囊括之，这里面共计有 77 种鸟，实在臃肿了些。

二、引用作者名和书名错乱情况

《太平御览》正文在引用古书时，很多地方出现作者名和书名错乱的问题。

第一，书名怪诞不经。如卷四百五十六引《行成坤国语》《立后王国语》《君臣望晏子》，卷四百五十七引《讽谏木国语》《各纳木新序》《谏君木韩子》《台甲孔丛子》《杀谏庚符子》，卷四百七十七引《司蚕桑毕下司马徽》，上述书名未见他书记载，初见之莫名其妙，胡道静分析说："这大概由于钞录者学既浅陋，工又疏略，误将所据类书的篇目、段节与其书名混而为一，而纂修诸人亦视而无睹，未加删正。"（《中国古代的类书》）

第二，书名不统一。由于成于众人之手，《太平御览》引文中对书名、篇名的提法往往不统一，致使同一部书、同一篇文章出现多种名称。如卷一百七十六引用刘澄之《宋永初山川古今记》，在《太平御览经史图书纲目》中称为《宋永初古今山川记》、卷十一称为《宋永初山川记》、卷六十五称为《永初山川记》、卷一百六十一称为《刘澄之山川记》。刘澄之的这部著述在《隋书·经籍志》中的名称是"《永初山川古今记》二十卷"，因而上述各种称名皆有误。经过笔者统计，这样的情况有 25 种之多。

第三，作者名混乱。《太平御览》对所引文作者往往也是或称名，或称字，或称号，或尊称，不一致。如"潘岳"（卷一）和"潘安仁"（卷一百七十九），"刘桢"（卷十一）和"刘公干"（卷七百七十四），"皇甫谧"（卷四）和"皇甫士安"（卷四百一十），"袁准"（卷五百三十六）和"袁子"（卷十七），"孙盛"（卷九八）和"孙氏"（卷二），"吴范"（卷八）和"吴轨"（《太平御览经史图书纲目》），"曹植"（卷十二）和"曹子建"（卷八）、"陈思王"（卷一），等等，极不统一。

第四，作者与书名（或篇名）混乱并称。如"袁宏《后汉书》"（卷四百六十七）和"袁宏《后汉记》"（卷二百零八）、"袁山松《后汉书》"（卷三十三），"夏侯弼《吴都赋》"（卷七百七十）和"夏侯开国《吴郡赋》"（卷八百）。

第五，作者、书名或篇名的用字不统一。"扬雄"（卷一）与"杨雄"（卷二百五十二），"符坚"（卷二百八十六）与"苻坚"（卷三十七），"盛宏之"（卷九）与"盛弘之"（卷二十二），"《楚辞》"（卷一）与"《楚词》"（卷四），"《烈士传》"（卷十二）与"《列士传》"（卷六），"《葛仙翁别传》"（卷八百三十六）与"《葛仙公别传》"（卷三十四），"宋玉《高唐赋》"（卷八）与"《高堂赋》"（卷九百三十二），"赵壹《疾邪赋》"（卷六百九十三）与"赵壹《嫉邪赋》"（卷三百八十七）等，都分别出现。

第六，书名之间或书名与篇名之间有交叉者。如对《周易正义》《尚书正义》《毛诗正义》《礼记正义》等有时分称，有时又总称《五经正义》；或总称《楚辞》，又称屈原《离骚》；或总称《诸葛亮集》，又称《诸葛亮出师表》《诸葛亮军令》等。

第七，引书时或举作者之名，或不举。对书名相同而作者不同的情况，应该交待清楚作者，但编者也每每说不清楚。如《后汉书》的作者有范蔚宗（晔）、华峤、袁宏、谢承、薛莹等，但《太平御览》常说"《后汉书》曰"，如不核实引文内容，则不知道作者究竟是哪一个。

第八，引文不标书名。卷二百六十五职官部"中正"一段引文："晋宣帝除九品，置大中正。议曰：'案九品之状，诸中正即未能料究人才，以为可除九制，州置大中正。'"文字前没有标明出处，笔者遍查古籍，得知出自《晋宣帝集》。按，晋宣帝即司马懿，其孙司马炎称帝后，追尊为晋宣帝。关于《晋宣帝集》，《隋书·经籍志》著录为 5 卷，并称"梁有录一卷"。《旧唐书·经籍志》著录为 10 卷，可见该书在李昉等人编纂《御览》时当还存在。

三、引文出现错乱情况

《太平御览》的引文来源复杂，李昉等人虽然制定了收录标准，但在引用过程中还是出现了很多错乱情况：

第一，引文划分标准不一。在材料的归类上，书中缺乏明确的原则和科学的标准。如卷一百二十八"居处部""门"下引文曰："《辛氏三秦记》曰：河津一名龙门。水陆不通，鱼鳖之属莫能上。江海大鱼薄集龙门下数千，不得上，上则为龙。"很显然，此处的"龙门"非居处之门。又如卷九百八十四"药部""药"引《论衡》："大王亶父睹王季之可立，故易名曰'历'。'历'者，适也。大伯觉悟，采药以避王季。""采药"与"药"不是一类事，放在一起很不合适。

第二，编者对引文随意删改。李昉等人对于古书的引文常常按照自己的理解进行删改，虽不伤原意，但已不是古书原貌。如卷六百零三"文部""史传上"："《史记》曰：秦赵渑池之会，其君相为鼓瑟扣缶，皆命御史书之。"这段文字脍炙人口，初学者亦熟知，而简略至极，此类情况甚多，不一一列举。还有的条目从原书数处合编而成。如卷九百六十一"建木门"引《山海经》一则，实为《山海经·海内南经》与《山海经·海内经》中两处文字合写而成。有些删节改写之文带有很强的随意性，以至改变了文意，甚至文理难通，不可卒读。至于删改原因，大概由于古人多博闻强记，引用时凭记忆抄录，没有核对原文，以至于出现大意相同，而文字歧义的现象。

第三，文字互窜。《太平御览》引用一书时，往往窜入另外一书文字。如卷二百七十一引刘向《新序》论兵事一段："又曰：……近者曹操以八千破袁绍五万者，袁无法故也。"既然出自刘向《新序》，那么紧接着的"又曰"当然应该也是《新序》里的文字了，可是刘向《新序》作于西汉末，怎么会论及东汉末曹操袁绍事？显然，《太平御览》此处所引"又曰"下面的文字，并不是引自《新序》。

第四，引文重复。如卷五百三十一"礼仪部""宗庙"："《帝王世纪》曰：汉景帝庙名德阳，宣帝庙名长寿，武帝庙名龙渊，文帝庙名顾城，昭帝庙名徘徊。"此则引文在本小类下重复出现两次，且只字不改。

第五，一卷之内文字太少。《太平御览》虽为千卷，但有的整卷文字太少，实为凑足千卷之数而强行把内容分开。如卷七百零五"服用部"七"篦"和"箧"共 12 则引文，全卷只有 476 个字。卷七百一十六"服用部"十八"手巾"和"絮巾"共 11 则引文，全卷 374 字。这样的卷目还有卷七百一十一至卷七百一十五，都是 1 页为 1 卷，字数不过千，这样的卷次实在应该合并，但是由于要凑齐千卷的整数且没有内容，所以也就只有这样了。笔者怀疑编者事先没有考虑到引文充裕与否，设定好了卷次就无法改变了，或者由于编纂人员流动较为频繁，从事辑录这些部类文字的编者没有充裕的时间继续下去。

第六，引文与中心词没有关系。由于编者的疏忽，《太平御览》还出现引文内容与部类名称无关的情况。如卷六百四十五"刑法部""辕"："《史记》曰：秦发兵攻商君杀之于郑渑池，秦惠王车裂商君。徇曰：'莫如殃，反灭商君之家。'又曰：张仪西说赵王曰：'苏秦荧惑诸侯，以是为非，以非为是。'"很明显，以上两则与中心词"辕"没有关系。

第三章　允称"类书之冠"

清嘉庆五年至六年间（1800—1801），曾主持校勘《十三经注疏》的清代著名学者阮元，应扬州盐商鲍崇城之邀，认真校勘《太平御览》一过，他取来明代几种版本，反复比对，校正了很多文字，最后上板刊印的时候，他不无感慨地称赞该书为"宇宙间不可少之古籍"。与阮元同时的另一位大学者黄丕烈，一生收藏大量珍秘典籍，藏书室名"百宋一廛"，意思是藏有百部宋版书，极为珍稀。他的藏书中自然少不了《太平御览》，在整理校勘古籍的学术活动中，黄丕烈经常使用它，为此，他向学界好友极力推荐，称之为"类书渊薮"。嘉庆九年（1804），常熟张海鹏重刊《太平御览》，为郑重其事，他请来黄廷鉴、孙原湘等学者参与校勘，其中，黄廷鉴校勘完毕后，撰写多篇文章论述校勘方法，并深有感触地称赞《太平御览》为"类书之冠"。近人范希曾在补正张之洞的《书目答问》时，专门统计了《太平御览》引用书情况，亦称之为"类书之冠"。前人对于《太平御览》的称颂，从不吝惜赞语，但应该说"类书之冠"最为代表，这是因为宋代以前很多古书，即使已经亡佚了，但是，如果被《太平御览》引用过，则后人可以据此来考察或为之辑佚，因此称《太平御览》为"类书之冠"最贴切不过了。称《太平御览》为"类书之冠"，在于该书的内容分类、君权观念、目录编排和引文方法等多方面都独具特色。

第一节 "天人合一"：《太平御览》分类与内容

一、为什么分为五十五部

类书的最主要特征是按类编排，而这个"类"即事物的分类，至关重要，但是古代类书于此并不统一，《太平御览》之前几部重要类书分部情况是：《皇览》40 多部（《魏略》称"合四十余部"），《修文殿御览》50 部（唐丘悦《三国典略》称"放天地之数，为五十部"），《北堂书钞》80 部（《郡斋读书志》称"分八十部"），《艺文类聚》46 部，《初学记》30 部。其中，《修文殿御览》或者为 55 部。胡道静先生认为"放天地之数，为五十部"中的"五十"应为"五十五"，古人在传抄过程中丢失了后一个"五"（胡道静《中国古代的类书》）。

《太平御览》不同于前代类书，分为 55 部，依据是什么呢？

10 是古人对于自然数的理解，因而十进位成为最普遍的运算法则。事实上，世界各地的原始民族大致相似，都有崇拜自然数的习俗，崇拜的自然数差不多都不超过头 10 个数。10 个自然数可以演化出无穷无尽的数字，因而，作为数字之祖，它们就代表了天地之数。而《周易》又依据 10 个自然数，进而演化出 55 个"天地之数"来。

《周易·系辞》（图十一）说："天数二十有五，地数三十。凡天地之数五十有五。此所以成变化而行鬼神也。"那么，天数"二十有五"，地数"三十"又是怎样来的呢？《周易·系辞》进一步做了说明："天一，地二；天三，地四；天五，地六；天七，地八；天九，地十。"据此，"天地之数"可以做如下排列：

一、三、五、七、九（天数奇）

二、四、六、八、十（地数偶）

在这10个数中天数占5位、地数占5位，5位性质一致，故可分别合并。5个天数之和为25，5个地数之和为30，因此，天数与地数总和为55。

《周易》堪称我国文化的源头，它的内容极其丰富，对中国几千年来的政治、经济、文化等各个领域都产生了极其深刻的影响，其科学内涵得到越来越广泛的承认和尊敬。李昉等人依据《周易》天地之数，在编纂《太平御览》时分为55部，具有深厚的文化背景，与古代文化中的"天人合一"观念相一致。老子说："人法地，地法天，天法道，道法自然。"即表明人与自然的一致与相通。天，就是大自然；人，就是人类；合，就是互相理解，结成友谊。"天"与"人"是世间万物最核心最本质的一对矛盾，天代表物质环境，人代表调适物质资源的思想主体。在"天人合一"观念中，人类只是天地万物中的一个部分，人与自然是息息相通的一体。许嘉璐先生十分赞赏《太平御览》分类观念中呈现出来的"天人合一"思想，他说："当初编纂者之所以这样分是有道理的，这就是古人的天人观念、文化意识。就拿'天部'说吧，编者把它放在全书之首；在天部之下，细目先列元气、太易、太始、太素、太极，然后是天部（应称'小天部'），小天部之后为浑仪、刻漏，此后为有关日、月、星、云等目。细想想，这就是古人对主客观世界认识的纲要。天、地、人是古人所谓三才，所以全书以天为首。"当然，按照"天人合一"来分类并不是《太平御览》首创，之前的综合性类书（包括后世的）基本上也是按照这种关系安排类目的，这就更说明"天人感应""天人合一"观念在古人心目中根深蒂固。

《太平御览》55部之下又分若干类，有些类下又有子目，大小类目共计约5474类，详略不一，如地部，大类有155类，其中有14类又分为538

个细目，大小类目共 693 个，是最详细的。其次是职官部，分 414 小类，再次是四夷部，有 390 小类，等等。《太平御览》的部类安排根据的是《周易》，而所阐释的则是敬天尊君的封建正统观。天部列在首位，是几千年封建社会形成的天道观体现。人们敬畏上天，最高统治者更是声称自己为"天子"。天、时序、地之后紧接着的就是皇王部，皇王和上天一样永远高高在上。

二、《太平御览》各部类内容

《太平御览》55 部基本内容如下：

天部 分为元气、太易、太初、太始、太素、太极、天部、混仪、刻漏、日、日蚀、暑、月、月蚀、星、瑞星、祆星、云、霄、汉、霞、风、相风、雨、祈雨、霁、雪、霰、露、雷、霹雳、电、霜、雹、虹蜺、气、雾、霾、曀等。其中的"天部"为总说，不算真正意义上的小类，全书中这种情况很多。

时序部 《太平御览》把时序部紧承天部之后，表明人们很早就认识到把握农时对于农业生产具有头等重要的意义，农业生产首先要与气候的年周期节律保持一致。同样内容在《艺文类聚》名为"岁时"，仅分 17 类，而《太平御览》囊括其全部类目外又增加一倍多，尤其是添加"丰稔""凶荒"和"旱"三类，不但说明了时序对于生产的重要性，也从"天人感应"角度，对比说明统治者宽政与苛政所带来的截然不同后果。

地部 该部在全书中占据很大分量，包括总说、山、丘、陵、水总说、河流、湖、潭等，另有两个附类，占全书小类 15% 左右。地部组织材料的顺序以北宋京城开封为中心，按顺时针把凡是有名称的大小山峰逐一罗列；此外，河流的类目安排也是以开封为中心，向四周辐射，这种意图与该书体现出来的皇权中心思想是一致的。

皇王部 该部记载了从传说中有巢氏到唐末哀帝共 215 位封建帝王，

这些资料的汇总可以看作宋代以前帝王通史。封建正统观念在皇王部得到了最明显体现，三国时期尊魏，南北朝时期以北朝为正统，这是北宋初期所处外部环境使然，这种指导思想在北宋影响深远，许多文人和史学家都表示赞同。

偏霸部　该部共有105小类，编者选取从三国时刘备到南朝陈叔宝共105位霸主的材料，另设附类一（侯景）。历史上哪些人应该归入偏霸部，对于李昉来说十分重要。因为宋太祖立国时，周边辽、西夏、吐蕃较为强盛，在南方也是经过多年征战，才逐渐平定孟蜀、南唐和吴越，外部环境极其恶劣。即便立国之后上百年的相对和平时期，北宋王朝也一直处在北方强势外族的觊觎之下，片刻不敢放松。由于这些现实环境因素的直接影响，宋王朝士人十分注重正统与偏霸区分，从理论上为宋朝收复南蛮北夷，重振汉唐帝国雄风找理论根据。

皇亲部　该部分为后、妃（包括昭仪、夫人、贵人、婕妤、嫔、世妇、御女、美人、才人、宝林、女侍中、女尚书、女史）、太子、太孙、太子妃、良娣、孺子、宝林、才人、家人子、诸王、王妃、公主、驸马等类，其中皇后所占比例最大，编者征引大量史书材料，把从传说中的人皇后到北齐后主高纬斛律后等共233位帝后全部单列出来，以示对帝后的尊崇。

州郡部　该部下设341小类，附类一，其中总叙按照从中央到地方的顺序，分别介绍了京都、州、郡、县、邑、乡、党、闾、里、坊、邻等区划。具体的州郡又分为河南道、河北道、河东道、陇右道、剑南道、山南道、淮南道、江南道、岭南道等，可以看出编者对于州郡的安排，继承了《禹贡》《山海经》等早期地理书中的地理分区、方位、等级差序结构等观念。这些观念的核心是"畿服制"，即以王畿为中心，以五百里为限，逐层外推，形成五个不同的等级层次。

居处部 该部共分 90 小类，另有五个附类。按照引文内容，90 小类又可以分为建筑类型（从"宫"到"庵"）、建筑构件（从"门"到"瓦"）、与居处相关的附属设施（从"井"到"华表"）。居处部引文显示出三个特色：第一，通过居处变化，可知古代建筑从简陋到豪华的变化，这部分引文也称为一部古代建筑发展简史。第二，引文多处彰显古代建筑文化特色。第三，居处的方位、大小和环境等与礼制相吻合。

封建部 所谓"封建"即"封藩建卫"，又称分封制。编者在该部通过引用大量历史资料，宣扬封建制度合理性，维护封建统治合法性。

职官部 该部大致分为总叙、丞相、三师、三公、三公府掾属、尚书、尚书郎、御史、卿、将军、校尉、大夫（包括仪同和特进）、太子之属、地方官等，另有两个附类。职官部篇幅巨大，引用了许多历史文献，把宋代以前所出现的职官名称、来历及作用做了一次很好的总结。

兵部 这里的"兵"具有兵器、军队、战争的意思，凡是与之有关的史料全部归入，通过引用大量资料反映古代战争各个方面。该部大致分为叙兵、将帅、谋略、士卒、布阵、决战、战备、兵器等。上述归类可以看出古代战争作为一门专门知识所具有的巨大容量。

人事部 人事部大致分为出生、形体、人种、体貌、身体附着（按，指黑子、汗、唾等）、容止、梦、圣贤、交友、品格、评判、言语、表情、待士、心理、卑贱等。该类类目繁多，如何正确分类也是一门严格学问，以李昉等编者的水平，还难以达到比较科学的分类标准。

逸民部 逸民是指遁世隐居的人。古往今来逸民性质相近，行为相似，因而《太平御览》没有再给予细致分类，只是用 10 卷篇幅收拢材料，所载最早七位逸民出自《论语》，最晚者为《世说新语》所载支道林。对于逸民，史上一直抱以艳羡态度，为史家所津津乐道，《太平御览》也一样，所以引文中摘引了许多逸民不同流俗的言行。

宗亲部　"宗"乃祖先也，"宗亲"即同一祖先的亲属。在封建宗法制度下，亲属名称根据血统远近和嫡庶亲疏分得特别细致。该部分祖父母、父母、继母、伯叔、伯叔母、从叔母、祖叔、族父、姑、兄弟、姊妹、舅姑、嫂叔、娣姒、子、孙、子婿（婿）、夫妻、慈母保母、乳母、妾、出妇、舅舅、舅母、外甥、姨等。

礼仪部　该部包括总叙、祭礼、学礼、附类一（立庙）、封禅礼、生活礼、冠礼、婚礼、丧礼等。中国古代有"五礼"之说，祭祀之事为吉礼，冠婚之事为嘉礼，宾客之事为宾礼，军旅之事为军礼，丧葬之事为凶礼，而民俗界认为礼仪包括生、冠、婚、丧四种人生礼仪。《太平御览》礼仪部基本囊括了各类礼仪的主要内容。

乐部　该部包括乐理、乐种、乐器等。在六经之一《乐经》失传情况下，《太平御览》乐部引文总结大量的古代音乐知识，作为重要的音乐史料，具有很高文献价值。

文部　该部分为63小类，但并不完全都是文体，其中品量文章、叹赏、改易、诋诃四类属于批评；思疾、思迟、著书、幼属文四类属于文学创作；而笔、墨、砚、纸、简、策、牍、札、牒、板、刺、函、褒、椠、把、封泥书、水滴器17小类属于文献载体和"文房四宝"；此外，还有按照作者立类的，如御制。这样，真正的文体只有37小类。

学部　该部分为总叙、经典（包括经典总叙）、做学问、图书等，另有附类一（负书）。从分类中可以了解该部特点：第一，尊崇经典，引文

·

对于六经依次摘引，对治学者有指示门径的作用。第二，宣扬刻苦读书精神，引文中收集了史上多位刻苦学习的典型；第三，把图书归入学部，重视资料的收集。书籍与学问本来是不能分开的，编者收集写书、借书、赐书等资料，也是阐明这一道理。

治道部 治道部分为君、臣、治政、贡赋、赋敛、贡举、荐举、赏赐、急假等。前两类强调君臣关系中君为天、臣为地的观念，余下几类关乎治道，其中"治政"属于治国措施，"贡赋""赋敛"属于税收政策，"贡举""荐举""赏赐""急假"等属于人才选拔与任用制度，全部引文贯彻君法统治的封建合理性思想。

刑法部 刑法部大致分为总叙、律令、决狱、刑械、刑罚、赦等，另有三附类。礼法结合在该部引文体现得尤为明显。自汉武帝"罢黜百家，独尊儒术"以后，儒家思想成为主导的统治思想，以其为基础逐步形成了以礼法合流为基本特征的封建法律思想体系。维护"三纲五常"成为封建法典的核心内容，德主刑辅、礼刑并用成为法制原则。该部"刑罚"引文，一方面是温情脉脉的"劝导"，另一方面则极尽其刑，封建刑法对于"叛逆"的残酷惩处于此可见一斑。

释部 该部分为叙佛、奉佛、僧、异僧、经、像、戒律、禅、塔、寺等。佛教传入中国比较流行的说法为东汉明帝时期，但是《太平御览》编者却追根溯源，认为在此之前，西汉武帝时期霍去病已经在西域遇见过佛，该部引《汉书》云："汉使骠骑将军霍去病出陇，过焉耆山，得休屠王祭天金人。"对于这个"金人"是什么，《汉书》没有交代清楚，编者引颜师古注云："作金人以为天神之主而祭之，即今佛像是其遗法也。"（卷六百五十三引）其余引文为与佛教有关类目，比较全面地概括了宋代以前佛教资料。

道部 该部大致分为总叙、道神、修炼、道服、道具、道观、传授等。由于道教是中国本土宗教，因而该部引文涉及道教方方面面。这部分主要特点为：第一，以《老子》为道教精核，引文首先把《老子》精华摘引出来，阐释道家要义。第二，专门列出修炼类，其中养生、服饵等修炼方法为道士活动的主要内容。第三，关于道士服装和居处的大量引文，可以看作道家服装史料和道观建筑史料。

仪式部 该部分为太常、旂、旌、旆、旐、旍、幡、旄、旄头、云罕、黄钺、豹尾、警跸、卤簿、班剑、棨戟、节、玺、绶、印等，为一般民众所难以接触的物品，资料性较高。在古代社会，帝王、贵族和官员的仪仗制度与百姓、卑官的回避制度相辅相成，起到了维护统治阶级尊严和权势的作用，成为古代专制主义政治与等级制社会的象征。仪式部的设立及引用材料所强调的也是这种作用，进一步印证了为皇权服务的编纂宗旨。

服章部 该部大致分为冠、衣、鞋等，另有附类二。顺序是从头到脚，其中"冠"是古代服饰制度一个重要组成部分。古人戴冠讲究与衣服配合，戴什么样的冠，就必须穿什么样的服，通过冠可以辨别贵贱等级。编者收集历史上各种冠，一一介绍其特点和穿戴者身份，为后人留下一笔难得的古代服饰史料。

服用部 《艺文类聚》在衣冠部之后，接连设立两个部类：一为仪饰部，一为服饰部。而在《太平御览》中，类似于仪饰部的引文被收进服章部，类似于服饰部的引文被收进服用部。服用部主要指的是室内杂物，计有91小类，内容以生活基本用品为主。

方术部 该部分为养生、医、卜、蠡卜、虎卜、鸡卜、鸟卜、楛蒲卜、十二基卜、竹卜、牛蹄卜、筮、相、占候、占星、占雨、望气、巫、厌蛊、祝、符、术、禁、幻等。从类目分布情况可以看到，编者把引文重点放在了医、卜、筮、相和占等上面，这些都是方术的主要内容。方术在中国古代文化中占有十分重要的地位，古时称为"术数""阴阳术"，内容包括星相术、相命术、占梦术、风水术、炼丹术、测字术、巫术、养生术等。由于方术包含古代中国人对宇宙、自然与人生、社会关系的认识，所以历代研究者趋之若鹜。

疾病部 该部包括各种疾病，涉及精神、器官、内脏、皮肤、肛肠等门类，但是由于科学知识落后，古人对于自身所患疾病还不能够有完全认识，许多疾病概念，比如头痛、心痛、腹痛等还很模糊，不具体。当然，由于病情复杂，尤其是内脏病理学深奥，需要现代医学技术手段才能解决。

工艺部 该部共 35 小类。工艺来源于周代教育贵族子弟的六艺，"艺"为"艺能"之意，"六艺"教育特点是文、武并重，知能兼求和注意到年龄差异及学科难易程度。

器物部 该部分为 106 小类，另有附类五，内容大致分为祭祀用具、宴会用具和生产用具三个方面。编者在本部中搜罗大量材料，尽可能地把各类器物来历和相关史实交待清楚，成为研究古代器物的宝贵资料。

杂物部 该部分为 23 小类，所记载的很多杂物到今天已经消失，如"筥"是什么？通过《太平御览》引用的各种史料，今人才大致对这样一种工具有了初步认识。

舟部 该部涉及舟种类和舟部件两个方面。其中有的部件现在已经不再使用，但《太平御览》征引古书还本来面目，很有史料价值。如关于船上的"五两"，《太平御览》引用了《淮南子》《兵书》和郭璞《江赋》，读者不但知道"五两"的实际用途，还知道军营中也有，不过名为"八两"。

车部　该部包括车种类和车部件两大类，而车种类又可细分为车形制种类、使用种类、拉车动物种类等，说明古人用车之广与制作之精。

奉使部　该部共有三卷引文，由于奉使是外交礼仪之事，引文只是收录与之有关的人和事，因而没有进一步划分细目。收录最早的出使事件为《左传》所记载的春秋时期齐国使臣仲孙湫出使鲁国之事，最晚为唐大历年间崇敬出使高丽之事。引文遍采正史和野史，把历史上著名的外交活动都摘引在一起，尤其突出了张骞、班昭、苏武作为使臣的英勇事迹，相当全面地反映了三次出使事件的始末。

四夷部　该部所谓四夷并不仅是指古代中国境内少数民族及其所建立的政权，还包括海外诸国，凡是古书记载的外国名称，编者皆一律收进来，统名之曰"四夷"。此外，有些国名仅是传说中的，记载在《山海经》《列子》《括地图》《南州异物志》等书籍中，没有经过考证，也被收罗进来，如"玄服国"。

珍宝部　本部所包含珍宝十分繁杂，通过分类可知，编者对于珍宝概念有自己的理解，不但包括珠玉，也包括金属。

布帛部　该部共 34 小类。从引文可知，既有布帛种类介绍，也涉及布帛制作工艺。

资产部　本部分 83 小类，大致涉及农耕、蚕织、商业、狩猎、陶冶、畜牧业、渔业、钱财等。

百谷部　本部分为谷、米、麦、禾、稻、秔、秝、稷、粟、豆、麻、黍、稌、粱、东蔷等，既包括黍、稷、菽（即豆）、麦、稻等常说的五谷，也包括五谷以外作物，对于那些不常见作物，亦引用相关资料还以本来面目。

饮食部　本部分为酒、饭、菜、佐料、茶等，另有一个附类。各小类汇集丰富的史料，叙述各类饮食的制作工艺。

火部　本部分为总叙火、灯、烛、炬、庭燎、烟、炭、灰等。在总叙中，编者对于"火"的认识，不仅在于自然之火，凡与之相关的史料也在收录之列。如引《左传》："兵犹火也，不戢将自焚也。"（卷二百七十引）这是取火的比喻意义。

休征部　"休"在古文中有喜庆、美善、福禄的意思。本部大致分为总叙、天休征、地休征、草休征等。休征部小类名称大多与其他部类中的小类重复，但是引文属于两个范畴。如天部的"日"，引文近两卷，几乎涵盖了有关"日"的各种现象，而休征部引文只是引用《孙氏瑞应图》等谶纬之书的 11 则引文，以此说明"日"的瑞应现象，两者引文没有重复。

咎征部　与"休"相对，"咎"意为灾祸和不幸。本部分为 83 小类，主要集中在天地灾异方面，而上天灾异最为多样，凡四时、星月、雷电、云雨、霜雪、雾虹、昼昏等出现异常现象的资料，编者都一一收集，以示天惩的多样性，首列天裂、天开、天光、天崩、天鸣等，所引之文对于古人而言皆是无法解释的，当然，其中大多为不确之事。

神鬼部　本部分为神、鬼二小类，引文多来源于野史杂说，其中以引用《风俗通》《幽明录》《搜神记》《志怪》等为最多。对于那些具有唯物主义无神论思想的资料，如王充《论衡》，编者一概不引，只是引用了孔子的"子不语怪、力、乱、神"和"未能事人，焉能事鬼"等语。

妖异部　本部分为怪、魂魄、精、重生、变化等。有些妖异现象并非事实，而是以讹传讹，如《幽明录》载："石虎时，太武殿图贤人之像，头忽悉缩入肩中。"（卷八百五十八引）还有些反常怪异的事情是由于当时科学水平低下，古人认识能力不够，把今天看来正常的事情当作妖异了，如《春秋潜谭巴》载："女子化为丈夫，贤人去位，君独居；丈夫化为女子，阴气淖，小人聚。"（卷八百八十七引）今天医学可以解释男女由于体内荷尔蒙变异相互转变的现象，但在古人看来这是万万不可理解之事，因而，对于这些记载要辨正地看待。

兽部　本部收集了130种动物。其分类大致按照吉祥、人类驯养、凶猛、熟知和杂兽等，其中引文所占篇幅比较多的有虎、马、牛、狗等。四类中虎既为人类所避，又为人类所崇，马、牛、狗为人类所驯养、役使，是人类得力帮手，是古代文化不可缺少的组成部分。此外，本部还记述了一些已经不为人知的兽类，如"果然""类""幽頞""足訾""那父"等，这些史料对于了解上古时期动物状况很有帮助。

羽族部　本部共收集200多种不同的鸟（按，羽族部十五有"众鸟"类，所收81类各色名目之鸟，为编者不胜其繁而归为一类也），数字很为可观。《太平御览》在记述鸟的物种特征时，对于各种灵异津津乐道，如引《南史》："甄恬字彦约，中山无极人也，居江陵。数岁丧父，哀感有若成人。家贫养母，常得珍羞。及居丧，庐于墓侧，恒有鸟玄黄杂色集于庐树，恬哭则鸣，哭止则止。"（卷九百一十四引）鸟随人哭而鸣，显属无稽之谈，但古人却信以为真，以此弘扬孝道。

鳞介部　本部介绍了206种鳞介生物，主要以鱼类为主。受传统文化影响，编者把并无其物的"龙"放在首位，这是因为"鳞虫三百六十，而龙为之长"，封建帝王把自己附会为真龙天子的化身以后，龙上升为至高神权的象征，普通民众再也无缘与龙扯上关系。尊重龙，就是尊重皇权。此外，在介绍各种海洋鱼类时，引文大多来源于《山海经》《博物志》《南岳记》《南方草木状》《抱朴子》《临海水土记》等，这些书籍以道听途说为主，不一定确有其事。

虫豸部　本部分为82小类，杂录自然界各种虫豸，由于引文来源单一，有的虫豸究竟为何物，读者单凭引文是不可得知的。

木部　本部分记述了126种树木。所述树木以我国中原地区为主，但是也征引相关材料，对周边地区，尤其是热带的部分树木也有记载。在部类安排上，编者把松柏放在诸木之首，显然是有道理的，"松柏为百木长也，而守宫阙"（卷九百五十三引）。不但如此，自古以来，松柏由于其挺拔伟岸，凌冬傲霜，被人们赋予高大不屈的形象，即如孔子云"岁寒然后知松柏之后凋也"。

竹部　古人对竹子的利用遍及生产、生活、娱乐等方方面面，有关竹子的记载也丰富多彩，《太平御览》编者在众多植物中独独垂青竹子，将它专门列为一类，正是对这种君子风度的弘扬。该部叙述了38种竹子，有些竹的种类仅见于古书，具体情况不得而知，如"云母竹"。

果部　本部记载了75种水果，既有留存至今日的，也有仅知其名的，十分丰富。

菜茹部　本部分记载了35种古代蔬菜。但是，今天所常见的黄瓜、茄子、菠菜、莴苣、扁豆等是唐宋甚至更晚从印度、泰国、尼泊尔以及地中海等国家和地区引进的，宋前古籍没有记载，因此，这几种菜疏不载于《太平御览》。

香部　本部分记载了41种香料。古代祭祀、婚庆、上朝、生活等各方面使用香料的情况于此一览无余。但是，香料毕竟属于奢侈品，并非普通人所常使用，因而引文中涉及的香料多与统治阶级上层有关。

药部　本部分继承《神农本草经》分类，共计 202 小类，另有三个附类。编者把动物药和矿物药放在了一起述说，名之为石药，类目最多的仍是植物药。医药不分一直是中医的传统，这部分引文也体现出这一特点。

百卉部　本部分记载了 107 种花卉，种类繁多，可谓真正的"百卉"。

第二节　"天人感应"：《太平御览》君权观念

古人编纂类书，不需要创作，只是搜集、选择、摘录古书句段，分门别类地编排在一起，保留文字原貌，犹如今天的资料汇编。正因如此，有人认为类书谈不上什么编纂思想。具体到《太平御览》，宋代学者杨亿曾称："止载故实，而无善恶之别。"（语见程俱《麟台故事》卷三）也是把该书看作资料汇编的。而事实上，《太平御览》编纂远不是杨亿说的这么简单，该书修纂是北宋提倡文治的产物，是在传统文化基础上产生和发展起来的。从内容到形式，《太平御览》无不集中体现了儒家文化的精髓，其天、地、人、事、物的分类体系，反映了古代哲学"天人合一"的世界观，依据的是封建社会的政治、经济、文化制度和社会生活的需要。

宋太宗一年读毕《太平御览》后，收获很大，褒扬该书"备天地万物之理、政教法度之原、理乱废兴之由、道德性命之奥"（卷首序），评价至大至高。这样一部获得高度"圣赞"的类书，对世间一切均有涉及，顺应"天人感应"观念，对古代君权正统性和合理性有明确体现。

一、大力宣扬君权神授

黄帝发明火种、燧人钻木取火、盘古开天地、女娲造人、华胥氏踏雷神之脚印有孕等神话，在《太平御览》中随处可见，该书最大特点表现在：由于是在谕旨之下完成的，所以其本身带有一种既定倾向，因此，《太平御览》中所记录的神话故事也大都含有一定的政治意义。如引《蒋子万机论》中就说黄帝消灭伏羲、炎帝、少昊和颛顼等四帝。黄帝曾经帮助颛顼登上帝位，而炎帝是黄帝的兄弟，但当他们的权势威胁到黄帝时，黄帝便不顾血统将其消灭。黄帝之所以这么做，书中说，因为黄帝想到，一旦黄帝的位置归属他人，国家势必也落入他人之手，那么臣民也自然为他人所掌管；成为他人臣民，就好像妇女再嫁一样，怎么好呢？在这种理论支持下，黄帝便一举消灭四帝。

《太平御览》不仅在神话史料择取上宣扬正统性，在涉及古代帝王君主史料时，也有这方面的倾向性。

秦灭六国之后，建立了严格意义上的封建帝国，皇帝成为万民之主。为了实现帝王家族万世一系的幻想，后世各代君主皆大力宣扬君权为上天所赐，皇帝乃上天之子。《太平御览》的编者对此深信不疑，他们在整理历代帝王事迹时十分看重这方面的史料，几乎达到凡有必录的地步。该书《皇王部》历数唐末哀帝以前帝王包括传说中的三皇五帝共215位，其中从秦始皇开始的封建帝王有106位，史书记载他们出生时多奇异现象的有16位。其中，汉高祖母媪"尝息大泽之陂，梦与神遇。是时雷电晦暝，太公往视，则见蛟龙于其上，已而有娠，遂产高祖"（卷八十七引《史记》），东汉光武帝"生时，有赤光，室中尽明。皇考异之，使卜者王长曰：'此善事，不可言。'是岁嘉禾生，一茎九穗"（卷九十引《东观汉记》）。在封建统治的初期，统治者（包括普通百姓）对于君权神授观念虽然十分信奉，但是还没有完全赋予帝王以神异的表象，只是对于王朝创始者以异于常人、来自神灵出生特征笼罩之。随着封建制度逐步完善，封建帝王为了标榜自己身非凡体，乃上天赐予，权力来自神授，进一步彰显出对于万众统治剥削的合理性，于是纷纷把自己的出生演绎出一段神异的传说来。

《太平御览》不厌其烦地把史书中关于帝王出生神异的记载全部搜集引用，一方面是对君权神授的大力吹捧，以此表明皇权神圣，不可侵犯；另一方面则为新朝两位君王张力。史载赵匡胤出生时"赤光绕室，异香经宿不散，体有金色，三日不变"（《宋史·太祖本纪》），而太宗出生时"后梦神人捧日以授，已而有娠，遂生帝于浚仪官舍。是夜，赤光上腾如火，闾巷闻有异香，时晋天福四年十月七日甲辰也"（《宋史·太宗本纪》）。这些记载今天看来是多么荒诞不经，但在那个时代却有很大市场，我们不能得出帝王出生时神异现象已经深入人心这一结论，但至少出于维护统治需要，统治者是乐于大肆渲染的。

二、谨慎对待兄终弟及问题

西周初年，周公制礼作乐，建立了严格的封建制度，在王位继承上，尊崇嫡长子继承制，即父死子继和立嫡以长。但在实际政治生活中，由于种种原因，父死子继的原则多次受到破坏，而以兄终弟及来代替。如春秋时期，宋宣公死，没有把王位传其子，而是传其弟。其弟临死时决定把王位再传给宣公的儿子，但这时，弟弟的儿子出来争王位，并刺杀了宣公之子，从此宋国大乱，五世不绝。孔子对此痛心疾首，在《春秋》中说："宋之祸，宣公为之。"

春秋时宋国的故事在宋代再次上演。宋太祖去世后，帝位传给了弟弟宋太宗，史书对个中缘由做了种种解说，是合情的兄终弟及？还是太宗的阴谋篡位？一直争论不休。李昉等人修纂《太平御览》涉及历史上相似事件时，小心翼翼，不敢越雷池半步，这是因为书成后是要经过太宗审阅的，于是编者想尽千方百计来迎合圣意。《皇王部》中，编者把有关五代前历代君王事迹材料一一列举，成为不折不扣的古代皇王史。而涉及帝位继承问题，尤其是兄终弟及情况时，《太平御览》引用材料呈现出两个倾向：

一方面表明这种继承制度的合理性。如《太平御览》卷八十八"汉孝文皇帝"，主要从《史记》和《汉书》选取关于文帝史料，显示文帝继承哥哥惠帝帝位的历史必然性，对文帝在位期间的节俭、爱民、恤苦等美德详为叙述，又引用荀悦《汉纪》《帝王世纪》《桓子新论》《典论》等相关书籍中对文帝的赞美之词，来进一步说明文帝在位期间的种种美德。

另一方面，对于弟弟以武力或其他方式取得权位的情况，引文有所选择。如《太平御览》卷九十八"西晋怀帝"，引文来自《晋书·怀帝纪》，着重说明怀帝继承其兄惠帝皇位的正当性。《晋书》说，惠帝之时，宗室诸王争权夺利制造事端，而怀帝冲淡朴素，自守清操，门无宾客，不涉世事，专心研究史籍，在当时受到人们赞誉，永兴元年（304）被封为皇太弟。怀帝认为清河王司马覃本是太子，不敢当皇太弟之位。但众人一致推举，认为做皇太弟对上可以辅助皇帝，早日安定京都，对下则满足百姓对贤君的仰慕之情。这样，惠帝驾崩后，怀帝顺理成章继承了皇位。晋怀帝即位与正史记载宋太宗即位情况何其相似！故编者不惮其烦全文引用，其用意一目了然。再如《太平御览》卷一百零九"（唐）太宗文皇帝"，引文来自《旧唐书》，交待李世民辉煌的一生，但是对《旧唐书》中的"史臣曰"一段则弃而不取，原因是这一段文字探讨了太宗弑兄而取得皇位的问题，其中有"以太宗之贤，失爱于昆弟，失教于诸子"等语，实在过于敏感。

三、严格正统与偏霸之分

正统与偏霸问题由来已久，早在西晋陈寿编撰《三国志》时对此已经有鲜明的倾向，明确魏为正统，蜀、吴是偏霸，这是因为魏继承东汉政权而来，而西晋则继承魏政权而来，欲为西晋袒护，就必须先为魏袒护。李昉等人在编纂《太平御览》时，面对历史上正统与偏霸问题时，出于维护宋代统治政权正统性的需要，做了合理选择。

这个问题要追溯到唐朝立国之时。众所周知，唐是以胡立国的，导致周边少数民族政权逐步强大。唐代结束后，经过五代十国之乱，缺少一个强大的中央政权与少数民族对抗，尤其是燕云十六州的割让，使华北地区从此失去长城、燕山屏障，无险可守，同时为北方民族南下开了方便之门。至宋太祖立国时，周边的辽、西夏和吐蕃达到了最强盛之时，在南方，宋也是经过多年征战，才逐渐平定孟蜀、南唐和吴越，可以说外部环境极其恶劣。即使立国之后上百年相对和平时期，北宋王朝也一直处在北方强势外族的觊觎之中，片刻不敢放松。正是因为上述现实环境因素影响，宋人十分注重正统与偏霸的区分，从理论上为宋朝收复南蛮北夷，重振汉唐帝国雄风找根据。

李昉等人对于三国时期的正统和偏霸之分完全遵循陈寿制定体例，因而《太平御览》"偏霸部"首列刘备、刘禅，次则孙坚等六世。这里有一点要说明的是，孙权229年在江东称帝，是为真正的三国时代开端，但还是把孙坚列为吴国首位霸主，说明李昉等人对于吴国偏霸江南的认定，是根据实际控制力的，这不能不说是编者的创见。

但是，对于南北朝时代正统与偏霸问题，《太平御览》的编者则完全出于政治目的，做了大胆改编。南朝梁沈约撰《宋书》、南朝梁萧子显撰《南齐书》、北齐魏收撰《魏书》以及唐人纂修的其他南北朝史书,都没有崇北贬南或崇南贬北的倾向,一致认为这是南北对峙的特殊时期,实在不便分别正统和偏霸。而李昉等人却不守前代史书惯例,对南北朝时代强行划分正统与偏霸之别,以位于中原者为正统,雄踞江南者为偏霸,重点突出"入主中原"的地理因素,无视当时的政治、经济、文化影响,将南朝的宋、齐、梁、陈四代一如五胡十六国编入了偏霸部中。

《太平御览》对于正统和偏霸的划分,是李昉等人从北宋的历史延承现实出发的,目的在于尊奉北宋的正统地位。到了南宋,情况发生了巨大变化,宋高宗赵构偏安江左,情况和蜀汉极为相似,中原之地全部沦入金人手中,所以南宋史家一反《太平御览》做法,以蜀汉为正统而黜落曹魏为偏霸,这又是李昉等人所想象不到的了。

古代类书往往是帝王敕修或者为了迎合统治者的喜好而编纂的,因而从部类安排、引文的择取等方面不经意流露出封建正统观点及其伦理、道德、迷信等气息,诚如清康熙帝所言:"类书之作,其亦不违于圣人立言之意欤?"(《渊鉴类函》卷首康熙帝《序》)就是这个道理。

第三节 "事先文后":《太平御览》目录编排

《太平御览》作用多多,主要有保存史料、查找资料、校勘和辑佚古籍等。比如想查找春秋时晋国郤克出使齐国受辱一事,可从卷三百九十一人事部三十二"笑"找到,材料引自《左传·宣公下》:"晋侯使郤克征会于齐,齐顷公帷妇人,使观之。郤子将登,妇人笑于房。"这则史料非常重要，郤克因为跛脚遭到齐国嫔妃耻笑，受此大辱，发誓报仇，因此后来在齐晋鞌之战中，他统率三军，冲锋在前，追逐齐侯，上演了"三周华不注"的好戏。

用《太平御览》查找资料如此方便，得益于该书在目录编排上严谨合理。虽然《太平御览》并非目录之书，但在目录编排上却很有特色，李昉等人按照实际需要，对引用书、引文等都进行了目录式编排，既继承前代目录编排成果，又有自己的创意，为后世类书编排提供参照。

一、《纲目》目录安排

《太平御览》正文之前附有《太平御览经史图书纲目》，详载引用书名，大致类似于今天图书后面的"参考文献"。对于这份《纲目》的编排者和编排时间，宋代学者洪迈认为是李昉等人编书时就撰写好的。但是，仔细考察一下，发现《纲目》中居然并列《新唐书》和《旧唐书》。按，《唐书》为五代时后晋开运二年（945）刘昫所修，宋仁宗嘉祐五年（1060），欧阳修、宋祁等另修成一部《唐书》，因此刘昫修的书则被称为"《旧唐书》"，而欧阳修和宋祁所修之书被称为"《新唐书》"。《太平御览》纂修之时，仅有刘昫《旧唐书》，还没有《新唐书》纂修一事，故这个《纲目》不可能是李昉等人所修。此外，《纲目》所列图书中，有《周易文言》和刘芳《诗笺音义证》二书，但遍查《太平御览》，居然没有找到来自二书的引文，如果是李昉等编定，怎么会出现如此纰漏？看来《纲目》应为好事者所为。

几乎同时纂修的《文苑英华》和《太平广记》没有这样的引用书目，所以它基本反映出宋初皇室藏书的状况，在古典目录学上具有很高的价值。《纲目》所列诸书重复讹谬不少，但是作为引用书目，却是现存最早且数量最多的。近代学者范希曾统计之后说，如果包括诗、赋、铭、杂书在内，实际"引书二千八百余种"（《书目答问补正》）。虽然现在看不到《太平御览》所引大部分书籍原貌了，但透过这份引用书目，我们还可以了解到宋初目录编排的体例。

受到历代尊经思想影响，《纲目》把经部书籍赫然列在首位。经部内编排仍是《易》《书》《诗》《礼》《春秋》顺序，这是自东汉班固《汉书·艺文志》以来绝大多数目录书的一贯做法。接下来就是《论语》《孟子》和《孝经》。需要说明的是，历史上，儒家经典有一个不断发展变化的过程。汉代"五经"是在春秋时期孔子编定的"六艺"基础上形成的，东汉时加上《论语》《孝经》，成为"七经"。隋唐科举发明以后，《礼》分为《周礼》《仪礼》《礼记》三礼，《春秋》分为《左传》《公羊传》《穀梁传》三传，合在一起则是"九经"。唐末太学里作为标准的经文由"九经"再加上《孝经》《论语》《尔雅》，是为"十二经"。五代时，蜀主孟昶去《孝经》《尔雅》，入《孟子》，刻石经，成"十一经"。南宋朱熹定《论语》《孟子》《大学》《中庸》为"四书"，《孟子》在经书中的地位得以确定，"十三经"终于告成。

《纲目》经部书目有一个别出心裁的安排，不列《尔雅》多出《孟子》。查《纲目》得知，《尔雅》一书是以郭璞注的形式被编者列入了集部，与它在一起的还有许慎《说文》、扬雄《方言》和吕忱《字林》。《尔雅》属字典，是解释经书的，李昉等编者看来是怀疑其经书性质的，于是把它从经部移到了集部，和同类书籍列在一起，应该说有自己的见解。

再看《孟子》。在《汉书·艺文志》《隋书·经籍志》和两《唐书·艺文志》等史志目录中，《孟子》都被列入子部儒家，五代时孟昶刻入经典，但毕竟偏安之国，影响不大。北宋开国之初，统治者崇文抑武，非常重视文化事业，以儒家之道治国，把孔子推崇到至尊地位，同时也认识到《孟子》一书有利于统治。实际上，早在中唐时期，韩愈就开始提升孟子地位了，他坚称自己所坚守的"道"，不是来自道教和佛教，而是来自儒家。尧传"儒道"给舜，舜传给禹，禹传给汤，汤传给文王、武王、周公，文王、武王、周公传给孔子，孔子传给孟子。韩愈效仿佛教的法统说，虚构了一个源远流长、世代相传的儒家道统，目的是使儒家学说在与佛、道两家的斗争中取得胜利。此说一出，孟子的地位大大提高。因为此前人们认为在孔子和孟子之间还有颜渊和子思等人，轮不到孟子和孔子连称。韩愈摒弃了颜渊、子思等人，让孟子直承孔子，创立了历史上影响最大的孔孟之道的概念。

到了宋代，宋儒接过了韩愈的道统说，并有所发展。李昉等人编纂《太平御览》，把《孟子》与《论语》等量齐观，当作"经典"看待，在程朱理学形成之前提高了《孟子》的地位，不能不说修纂者目光之超前。他们对《孟子》一书地位提升的做法，正迎合了宋代统治者的喜好。李昉等人的做法影响很大，一方面为北宋哲宗元祐年间（1086—1094）科举考试包括《孟子》开前奏，另一方面也促成《孟子》尽快正式加入经典行列。《太平御览》成书不久，学者孙奭在汉赵岐注的基础上为《孟子》作疏，进一步提高了《孟子》地位。

二、引文的目录编排

作为类书，《太平御览》正文没有编者一句评述，内容全部来自前代书籍，在每一类目下面，把与此有关的材料汇聚一起。这样，读者可以一目了然地查找到同一类目的相关信息，使用起来甚为方便。

对引文处理方面，《太平御览》每一个小类自成系统，很明显地体现了目录式结构编排。如卷三百四十七"弓",引文来源文献依次是:《释名》《说文》《山海经》《方言》《尔雅》《易》《尚书》《诗》《周礼》《仪礼》《左传》、崔赣《易林》、郭璞《毛诗拾遗》《春秋佐助期》《史记》《续汉书》《东观汉记》、谢承《后汉书》、张璠《汉记》《魏志》《魏要略》、王隐《晋书》《晋中兴书》《晋令》、沈约《宋书》《梁书》《家语》《国语》《韩诗外传》《战国策》《越绝书》、刘向《说苑》《江表传》、吴时《外国传》《邺中记》《括地图》《三礼图》、崔豹《舆服注》《古史考》《风俗通》、沈怀远《南越志》《南州异物志》《广志》《博物志》《列女传》《管公明别传》《洞林》《老子》《列子》《孟子》《孔丛子》《胡非子》《孙卿子》《鲁连子》《阙子》《尸子》《抱朴子》《淮南子》《吕氏春秋》)。

上述书目中,从《释名》到《尔雅》五种,属于字书,主要释"弓"这一名称。这类书目在"四分法"中,除《尔雅》属于经部外,其余都归到子部。《太平御览》对于事物名称解释非常重视出处,通常都用这种方式给予厘正,所以特地把字书放在卷首。《易》到《春秋佐助期》九种,属经部;《史记》到《管公明别传》32种,属史部;《洞林》到《吕氏春秋》13种,属子部。这里没有集部,因为关于"弓"的诗赋在前人诗文集中少有优秀之作,故不录。

一般地讲,《太平御览》引文编排基本上按照经、史、子、集顺序加以编排,受内容多寡的限制,有时四部齐全,有时仅有一类。总体上看,引文编排遵循"事先文后"原则。

"事"是把与类目有关条目按照经、史、子顺序排列,把这一类各方面情况整合在一起,从而构成对这一类目总体认识。"文"则是把对这一类目描述的相关诗文赋，按照作品时间先后顺序排列，读者可以藉以了解有多少前代文学作品对这一事物吟诵过。如卷三百四十一兵部七十二之"旌"，编者列出的引文目录依次为：《尚书》《毛诗》《左传》《汉书》《晋书》《鹖子》《列仙传》《文选》《洛神赋》《楚辞》《甘泉赋》，计12则目录。其中从《尚书》到《列仙传》属于"事"，引文从经、史、子三类著作中找出关于"旌"的记载。《文选》以下属于"文"，引文则是对"旌"的文学性描写。

"事先文后"的编排不是《太平御览》首创，前代类书已经采用，如《艺文类聚》。但是，《艺文类聚》"文"色彩非常浓厚，它与"事"是并列的。而作为综合性类书，《太平御览》不可能在每一类都做到"事""文"兼顾，所以，引文中反映"事"的多，每类都有，反映"文"的少，偶一为之。

《太平御览》引文中，"事"多"文"少的原因，约在两方面：一方面，《太平御览》条目涵盖世间万事万物，举凡一切事物都有类可循，因而引文数量极其庞大，全书接近500万字，堪称巨著，如果再把浩若烟海的"文"不厌其烦地加以征引，则全书文字极有可能多达千万，这样不仅太宗皇帝一年难以读尽，即便一般性查阅资料亦十分不便。另一方面，李昉等人面对"文"不足的缺憾，另外编纂《太平广记》和《文苑英华》来弥补，这就是官修类书的优长。

宋王朝非常重视文化事业，太宗朝所编《文苑英华》《太平广记》、真宗朝所编《册府元龟》，与《太平御览》一起被称为宋代"四大书"，而《太平御览》则是最先编纂且有"类书之首"称誉。虽然四大书内容各有侧重，但是编纂体例确有很多相通之处，其他三部书在目录编排上深受《太平御览》影响。一方面，都体现出尊经和正统观。如《文苑英华》"赋"

类目依照天象、岁时、地类、水、帝德、京都等安排，《册府元龟》全书分为帝王、闰位、僭伪、列国君、储君、宗室等 31 部，类目名称有异，但观念一样。另一方面，部类编排方面，都先分大类，然后细分为各小类，这样眉目清楚，便于读者查寻。如《太平广记》虽然收集的全部是小说，但作为正统类书《太平御览》的补充，该书分类编排借鉴了《太平御览》编排方式，题材分为 92 大类，附以 150 多个子目，类例一目了然。

第四节　传承创新：《太平御览》引文方法

类书具有两个基本特征：一是按类编排，二是内容均来自前代典籍。类目确定下来后，接下来就是围绕中心词而辑采引文。中心词好像一条线，把一组材料贯穿起来。如《艺文类聚》卷四十八职官部四"录尚书"类目，编者把应劭《汉官仪》、王隐《晋书》《晋中兴书》、沈约《宋书》、傅畅《故事》、齐谢朓《为明帝拜录尚书表》、陈徐陵《安成王让录尚书表后启》等有关"录尚书"的材料汇集一起，按照"事"先"文"后的结构排列，这样检索起来异常方便。《太平御览》成书于北宋开国之初，修纂者大量地借鉴了前代类书编纂经验，并且书中许多内容是转录自前代类书的。处理引文时也是围绕中心词，中心词为"纲"，引文为"目"。但是，与前代类书有所不同，《太平御览》在编排各类引文时，出于避免重复、统一体例、客观求实等需要，还创造性地采用了互见法、又见法和存异法等，十分审慎合理。

一、借鉴《史记》互见法

1983 年，上海书店出版了孙德谦撰写的《古书读法略例》，在书中，孙德谦提出了"互见"概念，第一次把"互见法"作为文章撰写的一种方法提到学术高度。其实，互见法本来是司马迁首创的，应用于《史记》人物传记上，《汉书》紧紧相承。史书编写使用互见法，是指将一个人的语言和事迹不全载在本传内，而是分别记载于其他传记中。这种做法表明全书传记是一体的、贯通的，是人物塑造上的艺术性手法，同时也大大地节省笔墨，精简文字，使文章更加紧凑。

李昉等人在编纂《太平御览》时大量引用《史记》《汉书》材料，应该注意到了互见法使用，因而加以借鉴。他们面对比较长的材料时，引文选取中心词所在的部分，其余部分有另一个中心词存在，为了节省笔墨起见，就没有必要两次引用，这时使用互见法交代引文另一部分所在位置，可以帮助读者快速查找。如卷五百一十九《宗亲部九》之"孙"类，引文中有一则是出自《晋书》关于李密因赡养祖母而弃官的事，编者于引文结尾说："已具祖门中。"查"祖"类在卷五百一十一《宗亲部一》，两者相较，"祖"类所引较详，故"孙"类从简。再如卷四百八十四《人事部》"仇雠"类引用《列子》一段文字，编者以小字附注的形式在引文末尾说："以下具剑部。"查"剑部"在卷三百四十四《兵器部》，两相比较，"剑部"引文比较全，情节完整曲折，突出了孔周之剑的传奇色彩。而"仇雠"类引文重在强调来丹与黑卵的世仇来历，至于复仇过程中所用之剑的传奇情节则没有必要重复，故编者以小注形式提醒读者，省却不少笔墨。

二、创立又见法

古书编纂多陈陈相因，同一则史料可以被多书运用，同一事件往往会出现在几本书中，别的不说，关于西汉前期史实，《汉书》多与《史记》重合，有的直接搬自《史记》，只是文字上稍微有差别。面对此种情况，《太平御览》在材料选择上当然不能全部照录，实际做法与该书引文标准有关。

《太平御览》编者在引文时一般按照经史子集顺序，对于同一部类内的书籍，如史书，则按照时间先后和先正史后野史顺序。围绕一个中心词，同一件事只从一本书引用，但是也交代其他出处。如卷五百一十《逸民部》引用了袁淑《真隐传》关于孙叔敖的故事，引文末编者附注以"又见《列子》"字样，说明这个故事不但《真隐传》记载，《列子》也有同样记载。又如卷四百九十六《人事部》"斗争"条一则引文："皇甫士安《逸士传》曰：高凤邻里有争财斗者，兵刃相加。凤脱衣巾为叩头曰：'仁义逊让不可废也。'争财者投兵谢之而罢。"编者于引文末注曰："《东观汉记》又载。"按，东汉末年，史书修纂兴盛，既有私家所修，又有官修。《东观汉记》是东汉政府陆续增修的官修史书之一，后来为各家《后汉书》提供了翔实材料，惜《东观汉记》已经散佚，现仅存一小部分。《太平御览》编者这个小注表明，至少在北宋初年该书还存在，也为后人辑佚该书提供一则很有价值的材料。

互见法侧重展示同一则引文的中心词不同倾向，而又见法侧重交代引文的不同出处，客观来说，两者都起到了节省笔墨的作用。对于又见法，编者附注文字一般使用"又见××"或者"××同"，都是标明出处不同的。此外，比《太平御览》稍后编纂的《太平广记》，编纂者以《太平御览》的原班人马为主，所以两书引文上有相同之处。《太平广记》交代引文出处不是放在引文前面，而是以小字附注方式放在引文末，但是，对于出自不同书籍的引文，则一如《太平御览》，如卷四"徐福"条，引文末注曰：

"出《仙传拾遗》及《广异记》。"显然，这种做法也属于又见法。

三、使用存异法

李昉等人在经学、史学和文学等方面都比较出色，编书态度以谨严著称，且编纂《太平御览》目的之一是备宋太宗"乙夜之览"，所以编者们自然不敢马虎从事。古代典籍浩如烟海，资料翔实，但是在不断传抄过程中不可避免地出现讹误现象，所以在没有确凿证据的情况下，编者引用一书的结论时，有必要把相关书籍上的分歧之处点明，对于难以断定孰是孰非的材料就非常必要了。如《太平御览》卷五百零九《逸民部》引用嵇康《高士传》中狂人接舆故事，但没有指出接舆的真名实姓，于是引文末注曰："皇甫士安《高士传》曰：'陆通字接舆，楚昭王政乱，乃阳狂不仕，故曰接舆也。'"这则附注对于了解接舆其人有很好的史料价值。

又如卷四百七十五《人事部》"待士"类引用《说苑》一则材料，其中一句是："不知门下左右客千人者。"引文末，编者以小字附注曰："《新序》同，而称晋平公，又云三千余人矣。"这个附注有两个作用，既指出引文的另一个出处，还把两个出处中不同之处指出来，虽然没有确定哪个说法可靠，但能够客观公正地同时并举，已是难能可贵了。按，《新序》和《说苑》两书作者都是西汉刘向，也许是刘向本人之误，也许是流传过程中出现歧异，一直以来不能辨正。两段文字相比，不同之处甚多，但是《太平御览》编者却指出主要的两处，这样，读者在使用该书时就可以根据需要进行挑选。可见存异法的使用是《太平御览》编者态度谨严的表现。

在中国古代类书编纂史上，《太平御览》以其分类安排合理和卷帙浩大，备受称誉，是后世辑佚学家和校勘学家必备的工具书之一，清阮元曾说："存《太平御览》一书，即存秦汉以来佚书千余种矣。"事实上，《太平御览》的引文方法一如其文献价值，对后世的书籍编撰有功甚多。

第五节 宋代"百度"：《太平御览》文献价值

在科技发达的今天，人们查阅资料最为便捷的途径是利用网络，只要在各种搜索引擎中输入需要的词条，很快便可以得到想要的答案，虽然得到的答案未必准确。而在信息极为落后的古代，人们查阅资料则只好依靠类书来完成，类书包罗万象，分类严谨，就是那个时代的资料库。而素有"类书之首"之称的《太平御览》从某种意义上来说就是宋代的"百度"，对后世诗文创作和学术研究提供海量信息。

一、注释古籍参考

《太平御览》保存大量古书资料，尤其摘引那些已经失传了的古籍，价值弥足珍贵。作为重要的古籍注释资料来源，自《太平御览》流传以来，许多注家就开始从中征引资料。兹举几例如下。

清代学者仇兆鳌（1638—1717），字沧柱，号知几子，浙江鄞县（今宁波鄞州区）人。康熙二十四年（1685）进士，官至侍讲学士，康熙帝称其"言行不苟，不可多得"，其研究杜甫诗最为精深，所著《杜诗详注》享有盛名。仇兆鳌在给杜诗注解时，所引用类书资料以《太平御览》为多。如《忆昔行》中的"忆昔北寻小有洞，洪河怒涛过轻舸"一句，仇兆鳌注曰："《御览》：《名山记》云：王屋山有洞，周回万里，名曰小有清虚之天。《王君内传》：三十六洞天之第一，在河内沁水县界。"（《杜诗详注》卷二十一）利用《太平御览》，一下子解开了杜诗中关于"小有洞"的疑问。又注《寄赞上人》"亭午颇和暖，石田又足收"中的"亭午"，引《太平御览》曰："日初出曰旭、曰晞、曰晀，在午曰亭午，在未曰昳。"（《杜诗详注》卷七）可知亭午义为"中午"。

清人王琦（1696—1774），字载韩，号琢崖，绦庵，晚号胥山老人，浙江钱塘（今杭州）人。王琦是著名医学家，亦精通文学，在学术史上以注释李白、李贺的诗文而知名。他辑注《李太白全集》36 卷和《李长吉歌诗汇解》五卷影响深远，其中辑注《李太白全集》价值最高，时人给予"一注可以敌千家"（《李太白全集》卷末赵信序）之美誉。而王琦之所以在注释学上取得成功，主要得益于他广泛利用了《太平御览》等书中的史料。如注《古风五十九首》其二十二（"秦水别陇首"）云："《太平御览》：辛氏《三秦记》曰：陇右西关，其坂纡回，不知高几里，欲上者七日乃越。高处可容百余家，上有清水，四注流下。俗歌曰：'陇头流水，鸣声幽咽；遥望秦川，肝肠断绝。'陇首即陇头也。"（《李太白集注》卷二）王琦利用《太平御览》中的资料，把诗中所涉及的地名交代来历，并且密切结合诗意，结论令人信服。

余嘉锡（1884—1955），字季豫，号狷庵，湖南常德人。余嘉锡治学成就卓著，所撰《四库提要辨证》一书蜚声学界，因之当选中央研究院院士。他还笺注《世说新语》，多所发明。《世说新语》的文字"乃纂缉旧文，非由自造"（鲁迅《中国小说史略》），这些"旧文"的一部分可以从刘孝标注中见到，但还有许多引自别书的，由于原书已经亡佚，今人没有办法将两者拿来互相比照。好在《太平御览》征引大量古籍，虽然这些古籍十之八九已经亡佚，但是可以根据引文来判断《世说新语》许多条目的出处。如《赏誉第八》中的一则："裴令公目夏侯太初：'肃肃如入廊庙中，不修敬而人自敬。'一曰：'如入宗庙，琅琅但见礼乐器。见钟士季，如观武库，但睹矛戟。见傅兰硕，江墙靡所不有。见山巨源，如登山临下，幽然深远。'"余嘉锡先生笺疏曰："此出王隐《晋书》，见《御览》四百四十五。"（《世说新语笺疏》）按，《太平御览》卷四百四十五的引文为："裴楷尝目夏侯玄，云：'肃肃如入宗庙中，但见礼乐器。钟会如观武库，森森迫见矛戟在前。傅嘏、江翔靡所不见。山涛若登山临下，幽然深远。'"《太平御览》的这则引文来自王隐《晋书》，与《世说新语》大致相同，可知《世说新语》亦采自王隐《晋书》。余嘉锡用《太平御览》引文来注《世说新语》，可以还史实本来面目。按，从晋代到南北朝，编纂《晋书》的人很多，或用纪传体，或用编年体，总计在 20 家以上。王隐《晋书》是在东晋建国之初奉命撰修的国史，历时 20 多年方才告成，资料性较强。唐初修撰《晋书》时，参考流传下来的 18 家前代所编《晋书》，王隐之书赫然在列。然而，房玄龄、褚遂良等人编《晋书》成后，18 家《晋书》则渐次亡佚。北宋初修《太平御览》引用王隐《晋书》，说明至迟在《太平御览》修成后，该书亡佚。

二、校勘古籍依据

《太平御览》征引古书相当丰富，《纲目》中可以见到所引之书为 1689 种，而古律诗、古赋、铭、箴、杂书等类计算在内的话，引用之书有 2800 多种。更为重要的是，《太平御览》不但征引赅博，而且所引古书十之七八早已失传，因此，清代大学者阮元说"存《御览》一书，即存秦汉以来佚书千余种矣"（《仿宋刻太平御览叙》）。可见作为一部重要的综合性资料工具书，《太平御览》被校勘学家看好，列为必备校勘资料是有相当根据的。

运用《太平御览》来校勘古籍的做法由来已久。成书不久，宋代学者王应麟就利用它来校补古籍。如校补《诗经·王风·黍离》时，引用《太平御览》说："伯封作也。离离，黍貌也。诗人求亡不得，忧懑不识于物，视彼黍离离然。忧甚之时，反以为稷之苗，乃自知忧之甚也。"（原文载《太平御览》卷四百六十九）通过这段话，人们了解到了《黍离》的作者、创作背景、创作主旨，对后人解诗有重要的帮助。

两宋时期，古书存世毕竟甚多，因而文献学家们在校勘古籍时首选并非类书，《太平御览》的利用率并不高。而到了元代，统治者对文化事业不够重视，朝廷虽设立秘书监、翰林院国史、经籍所、编修所、兴文署等机构，但皆不校书，学者们利用《太平御览》的情况更为少见。事实上，有元一代，《太平御览》竟无一个版本。明代也一样，虽然这时期印刷业发达，《太平御览》出现了多个印本和抄本，貌似成果斐然，但大都校勘不精，至有任意篡改原书者，而学术上太多因袭和空疏，导致校勘学上无甚成就，学者利用《太平御览》的情况亦乏善可陈。

大规模利用《太平御览》作为校勘参考依据是在清代。清初，顾炎武等人鉴于宋明理学空谈心性的弊病，主张从小学入手，求训诂名物之真义，以达经世致用之目的。受其影响，清代学术为之一变，校勘学在这种社会背景下得到长足发展。梁启超说："清儒之有功于史学者，更一端焉，则校勘也。古书传习愈希者，其传抄踵刻，讹谬愈甚，驯至不可读，而其书以废。清儒则博征善本以校雠之，校勘遂成一专门学。"（《清代学术概论》）又说："校勘之学，为清儒所特擅，其得力处真能发蒙振落。"（《中国近三百年学术史》）有清一代，校勘大家辈出，顾炎武、卢文弨、戴震、钱大昕、段玉裁、王念孙、王引之、顾广圻等都在校勘古籍上独有建树，而他们在校勘时无一例外地运用了《太平御览》，校勘成果可信度高。如王念孙校《逸周书·周月篇》"凡四时成岁，有春夏秋冬"一句说："'岁'

下更有‘岁’字，而今本脱之。《太平御览》时序部二引此，正作‘岁有春夏秋冬’。”（《读书杂志》之一《逸周书三》）这是根据《太平御览》引文补《逸周书》脱文，十分合理。

三、辑佚古籍渊薮

陈垣先生说：“《御览》采摭范围较广，每条皆注出处，便于引据，为校雠、辑佚家所喜用。”（《影印明本册府元龟序》）《太平御览》收录引文遍及经史子集，征引许多古籍大都亡佚，唯赖该书保存部分内容。尤其屡经战争、灾荒，古代典籍散亡严重，百科全书式的类书《太平御览》便成了辑佚宝山。清人朱鹤龄说：“盖其时书皆钞本，经靖康兵火之后散佚不传，幸《御览》犹存四库书籍，得以考见其十之一二。”（《愚庵小集》卷十三）诚非虚言。正因如此，后世辑佚学家非常重视从该书中搜罗材料。如清代以辑佚古代地理书著名的学者王谟充分利用《太平御览》后不无感慨地说：“《太平御览》书目一千六百九十种，内地理书约三百种，较诸类书尤为赅博。”（《汉唐地理书钞》卷首《凡例》）事实上，离开《太平御览》，学者们根本没有办法为许多古籍做辑佚工作。

自清儒开始，经近代至今天，运用《太平御览》从事辑佚的工作仍然历久不衰，所取得的成就亦惊人，但代表人物仍当属有“清代辑佚第一家”之称的马国翰。

马国翰(1794—1857)，字词溪，号竹吾，山东历城人。道光十二年(1832)进士。马氏性好收书，积书达五万余卷，藏书处曰“玉函山房”。马氏更爱辑佚，代表作《玉函山房辑佚书》768卷。据该书目录所载，共收辑佚书632种，去掉有目无书者40余种，实有580多种，居历代辑佚成就之冠。

作为类书中非常重要的一部，《太平御览》受到了马国翰超乎寻常的关注，《玉函山房辑佚书》中，辑自《太平御览》者高达 202 种，约占四分之一。其中有利用《太平御览》与他书合辑者，更有全书辑自《太平御览》者。大致说来，马国翰运用《太平御览》辑佚古书有如下之方法：

一是参照《太平御览》引文，为阙题辑佚之文标目。有的古书亡佚时间太久，基本面貌难以考知，唯赖《太平御览》引文可以窥知一二，因此马国翰利用《太平御览》辑佚时，往往按照《太平御览》引文给古书标目。如辑佚《毛诗提纲》一书就是根据《太平御览》引文标目的。

二是利用《太平御览》引文作为旁证。有的古书虽然亡佚了，但其零章断篇保存在许多典籍中。不过，由于传抄错误，各书引文并不一致，为此给后世辑佚者带来很多麻烦。马国翰在遇到这类情况时，常常多种典籍对照，采用最可信赖者，其中以《太平御览》引文为最主要参照，来考证其他资料，以此澄清史实。

三是利用《太平御览》引文考辨作者。考辨古籍作者是辑佚古书的主要内容之一，马国翰在利用《太平御览》辑佚时，常常通过它来搜寻有关作者生平的蛛丝马迹，以期还古书之原貌。如关于《梅子新论》作者，马国翰说："考《御览》引有《梅陶书》，又引《梅陶自叙》，似梅子即梅陶。"

四是利用《太平御览》引文订他书引文之不足。古书引用前代文章，往往出现割裂文句现象，并不是一字不漏地引用，这种情况给后人在辑佚、校勘时造成很多麻烦，但是他书如果完整引用相同的文章，则可以拿来补充之。由于《太平御览》引文相较他书完整，因此马国翰常常利用《太平御览》订正他书引文不足。如《唐子》一段："君人者，东南面之尊，操杀生之柄，威如秋霜，恩如春养，何求而不得？何化而不从？君人者，当以江海为腹，山林为面，当使观者不知江海何藏，山林何有，则下不知其量，畏而怀之。"马氏在此段文字下注曰："《太平御览》卷七十六引至'山林何有'。又卷三百七十一引云：'人君以江海为腹，山林为面，则下不知其量，畏而怀之。'末二句据补。"

第四章 历代版本知多少

马克思把印刷术、火药、指南针的发明称为"是资产阶级发展的必要前提",而包括造纸术在内的四项发明均发生在古代中国。1900 年,在敦煌千佛洞里发现一本印刷精美的《金刚经》,末尾题有"咸通九年(868)四月十五日"等字样,这是目前世界上最早的有明确日期记载的印刷品。雕版印刷术的出现,给中国古代文化事业带来一次巨变,各类典籍从抄本向印本转变,促进了文化传播,使典籍流传更加广泛和久远,更广大的知识群体有了可以依赖的文本。《太平御览》也一样,一俟编成,很快被镌刻上板,通行天下,自宋迄今,出现过多种版本。

第一节 宋代版本

《太平御览》成书不久,即付梓上板,雕印流行,这与宋代政治、经济、文化的发展繁荣有很大的关系。北宋建都开封,全国统一的政治局面形成,手工业、商业得到空前发展,城市经济异常繁荣,这些都为雕版印刷业的兴盛创造了优越条件。宋代雕版印刷在唐五代基础上取得了飞速发展,无论官刻、家刻还是坊刻,都达到了相当高的水平。宋代雕版印刷书目增多,遍及四部。政府刻印以儒经为主，还一并刊刻了卷帙繁多、工程浩大的类书与释藏道经。《太平御览》虽多达千卷，近 500 万字，但甫一成书，即被官府组织刻工寿之梨枣，以永流传。有宋一代，《太平御览》刻本较多，王重民《中国善本书提要》推测说大概有四五种，但是，由于时代久远，史料阙如，难以确知，今根据史料考证如下。

一、北宋官刻祖本之谜

清代著名藏书家、皕宋楼主人陆心源《皕宋楼藏书志》著录过《太平御览》北宋刻残本，仅存 366 卷，陆氏直言"北宋官刻祖本"，意思是《太平御览》的第一个刻本。不过，陆心源的这个说法不可尽信，因为其生前曾藏过南宋闽刻本《太平御览》，是否误作北宋刻本亦不可知。

民国间，著名版本学家叶德辉（图十二）某次去上海访书，在一旧书坊见到《太平御览》宋版残本，目录后面有一牌记，上书"太平兴国八年十二月刊"10 字，据此断定为宋版。设若这个残卷真是宋版，则价值难以估量。太平兴国八年二月，其时《太平御览》刚刚纂修完毕，宋廷是否随即付梓，当有很大疑问。此外，叶氏依据古籍刊本牌记来鉴定，依据不足。牌记又名木记、书碑，差不多类似于现代图书出版物的版权页，牌记位置一般在卷末，或序文目录后，或封面后，其内容常镌有书名、作者、镌版人、藏版人、刊刻年代、刊版地点等，因此，牌记可以作为古籍版本鉴定的依据。牌记源于宋代，是雕版印刷兴起之后的产物，但是，到了明代，书估作伪，常常模仿古书牌记，镌刻在新书上，以假乱真，因此，鉴定古书亦不能完全依靠牌记。不过，对于叶德辉所见镌刻有牌记的宋版《太平御览》，我们还是要慎重对待，毕竟叶德辉是著名版本学家，他对古籍版本知识十分娴熟。

　　王国维先生在《五代两宋监本考》中，提到《太平御览》在北宋有国子监刊本，他是把《太平御览》的刊刻与《初学记》《续资治通鉴长编》《册府元龟》和《太平广记》放在一起论述的，但详细考论的仅是《太平广记》一书的刊刻问题，没有对所谓的北宋监本《太平御览》做进一步论述，十分遗憾。按，国子监是中国古代封建王朝的中央官学，它兼备了国家管理机关和国家最高学府两个功能，又名国子学和国子寺。隋朝时，国子监之名确立，且成为独立的教育行政机构。唐承隋制，并有所改进。五代时，国子监在承担管理和教育两个功能的同时，还校勘、刻印了大量典籍，如著名的《九经》就是后蜀国子监刊刻的，这一做法开官刻典籍之先河。宋代以后，国子监刻书成为定制，《宋史·职官志》记载国子监的功能之一就是"掌印经史群书，以备朝廷宣索赐予之用，及出鬻而收其值，以上于官"，国子监刻书不但作为政府官用，又出卖作为财政收入。由此看来，北宋国子监刊刻《太平御览》是有条件、有能力做到的，惜传本不见，难以确信。

二、现存最早的刻本——北宋闽刊本

　　两宋时期，福建经济高度发达，带动了教育的进步和文化的繁荣，诗称福州一带"学校未尝虚里巷，城里人家半读书"（祝穆《方舆胜览》卷十《福州》）、"路逢十客九青衿，半是同袍旧弟兄。最忆市桥灯火静，巷南巷北读书声"（吕祖谦《送朱叔赐赴福州幕府》），可谓教育普及，文风鼎盛，雕版印刷业随之兴起，以建宁、建阳为代表，形成了一个可以与浙江、四川比肩的刻书中心，所刻书籍被后世称为"建本"或"闽本"。其中，建阳麻沙镇盛产竹纸，易于雕印图书，书坊林立，因此，南宋叶梦得说："蜀与福建多以柔木刻之，取其易成而速售，故不能工。福建本几遍天下，正以其易成故也。"（《石林燕语》卷八）民国著名学者傅增湘也有诗赞曰：

"纂图互注出麻沙，瞿陆双丁未足夸。"（《双鉴楼藏书杂咏》）在这种盛况下，《太平御览》于此开雕，史称"闽刻本"。

关于闽刻本《太平御览》刊刻时间，可大致考知。宋蜀刊本《太平御览》卷首蒲叔献序，以及此后不久周必大《纂修〈文苑英华〉事始》一文，皆提及闽刻本，蒲序作于庆元五年（1199），周文撰于嘉泰四年（1204），据此可知至迟在庆元五年以前，闽刻本《太平御览》蒇事，并在世间流行了。

福建能够刊刻《太平御览》这样的大书，绝不是偶然的。福建刻书向以规模宏大著称，据统计，两宋时全国共刊刻七部大型宗教典籍，其中有三部是在这里刊印的。福建所刻《太平御览》是官刻还是私刻，史料没有明确记载，今人谢水顺、李珽所著《福建古代刻书》说："（《太平御览》）卷帙浩大，以私家或书坊刻印似不太可能，故此刻本（指《太平御览》闽刻本）当为建宁官府刻本，建宁府辖下有建阳县，当地刻工不足可就近在建阳书坊招募，技术力量不成问题。"他们认为该版本既不是在建阳，也不是在建安，而是建宁府所刻。当然，二人的结论也是推测出来的，缺少实据，但比较合理。

闽刻本为《太平御览》现存最早版本，元代流传情况不详。明初中山王邸收藏过一部，书上有"南州高士""东海豪家"两方印。按，明中山王为开国大将徐达，他一生征战南北，为大明王朝建立立下汗马功劳，戎马间歇，雅好艺文，死后追封为中山王。朱元璋曾有联语赞其功曰："破虏平蛮，功贯古今人第一；出将入相，才兼文武世无双。"其家藏有《太平御览》便不足为奇了。又，徐达远祖为东汉末年名士徐稺，"南州高士"指的是徐稺。徐氏郡望是东海郡（现在山东兖州东南），堂号为"东海堂"，亦名"南州堂"，常用堂联有"南州世泽，东海家声""东海伯益，南州高士"等。

明内府也藏有一部闽刻本《太平御览》，卷端有"文渊阁"印，每半叶 13 行 22 字。该本流传至清，乾隆时为吴郡朱文游所得，已非全书。朱文游原名奂，"文游"是其字，后以字行，为清乾隆时苏州著名藏书家，史称其"藏书甲吴中"。朱文游凭借大量藏书，对清代汉学做出了不小贡献。朱文游与惠栋是莫逆之交，曾把这部仅剩 360 卷的《太平御览》借给惠栋阅读。朱文游过世后，该本流转到同郡周锡瓒家，嘉庆九年（1804）又为同郡黄丕烈所得，同治时，转入归安陆心源皕宋楼，又佚去 15 卷，今藏于日本静嘉堂文库。

需要说明的是，闽刻本《太平御览》品质不高，估计与福建刻书一向粗疏有关，后来蜀刻本以之为蓝本，专门聘请名家校勘，李廷允称"厘正之字三万八千有奇"，信非虚语。

三、校刻精审的南宋蜀刻本

号称"天府之国"的四川，在我国雕版印刷史上占据重要的一席之地。早在唐朝，由于安史之乱和黄巢起义，唐代政治经济文化中心两次移向成都，四川刻书事业在文化转移中逐渐繁荣起来。五代时，后蜀丞相毋昭裔是巴蜀刻书业发展的重要推手。毋昭裔早年家贫，但酷嗜读书，曾向人借《文选》，书主面有难色，受到拒绝的毋昭裔立下誓言说："异日若贵，当板以镂之，以遗学者。"（叶德辉《书林清话》卷一）当上丞相后，毋昭裔拿出百万家资，营造学宫，令门人勾中正、孙逢吉书写《九经》，雇工镂版行世，之后还相继刻印了《文选》《初学记》《白氏六帖》等，为蜀地刻书业的兴盛奠定了基础。两宋时期，刻板印刷业迎来了黄金时代，开封、杭州、福建建阳相继成为印刷重镇，而蜀中经济繁荣，人文发达，刻书事业始终居于全国的中心地位。南宋时,刻书中心由成都转移到眉山,时任四川转运使的井宪孟,主持刻印了宋版书中颇有影响的大字本《眉山七史》,此外,眉山坊间还镌刻长达千万字之巨的《册府元龟》。

排在"宋四大书"之首的《太平御览》自然会引起蜀中刻书家的注意,只不过付诸实施已是南宋时期了。主持开雕者为蒲叔献。叔献,字勉道,贵州锦屏人。叔献曾举进士,做过湖北转运使、成都府路转运判官兼提举学事等职。在成都治漕运有功,百姓为之歌曰:"运使姓蒲,民力可苏。"后擢为宗正卿(三品),主管皇族事务。韩侂胄用事,他即请辞,时论对其赞誉有加。蒲叔献善诗词,惜未能传世。

南宋宁宗庆元五年(1199)七月,蒲叔献在成都府路转运使判官兼提举学事任上,召集十几位学者参与校雠《太平御览》,其中有四川双流人、迪功郎、前阆中县尉李廷允。李廷允,字德文,大约生活于南宋孝、光、宁三朝。由于历时久远,史料中关于李廷允的事迹流传下来的不多。他曾在四川阆州阆中县担任过县尉一类低级官吏。宋代双流县属成都府辖县,故相关文献中称"成都李廷允"也不为错。文献还记载他曾著有《勿斋四箴》,文多警语,曾勒石传布,颇受当时名家赞赏。李廷允校勘《太平御览》,首先找来闽刻本作为底本,他发现这个本子错误太多,主要有句读脱落、字画讹谬、意义不贯通等。经过一段艰苦的厘正,李廷允纠正了38000多字。但是,限于古书难寻,不能全部核对,对于那些文义不通而又没有他书旁证的,只好以不改动原文为准,继续存疑。

校勘完毕,蒲叔献募集雕工140多人,在其治所开雕。全书印成后,遂大行天下。关于版刻缘由,蒲叔献曾在卷首序中说:"蜀文籍巨细毕备,而独阙此书。"意思是四川一地文献典藏蔚为大观,但是唯独缺少《太平御览》，所以要尽快雕版，利于士子传习。

元明清三代，官私藏书志等史料不见记载南宋蜀刻本《太平御览》，唯日本宫内省书陵部（以前称"图书寮"）藏有 1 部（图十四），乃枫山官库旧物。刻工极为古雅，每半叶 13 行，每行 22、23、24 字不等；白口，左右双边，版心上记书名，下则记刊工姓名；版框高 6 寸 9 分、宽 5 寸；界长 7 寸 6 分，幅 5 寸 2 分。书中"玄""徵""匡""恒""敬""慎""殷"等字缺笔。日本宫内省书陵部所藏，每册首尾有"金泽文库"印记，并不完整，缺卷四百六十至四百六十九，卷五百四十五、五百五十五和五百六十六等卷，但被抄补齐全。关于抄补时代，日本学者岛田翰在《宋椠本考》中说："相其纸质字样，其抄盖在元时矣。"

此外，日本京都东福寺也有《太平御览》南宋蜀刻本残卷，已经作为"日本国宝"珍藏起来。今人严绍璗曾亲往寻访，目验该本，回国后著《日本藏汉籍珍本追踪纪实》说："有刻工姓名，如王全、张福祖、杨岳田、王道七、刘单和等凡一百三十余人与宫内厅书陵部所藏本同。卷中各册皆有'久远院''普门院'等印记。全书凡一百四十册。"

四、南宋光宗时也有刻本

日本学者岛田翰（图十三）在其版本学名作《宋版书考录》中，提及《太平御览》在宋光宗在位期间（1190—1194），亦付梓上板，称作"光宗刻本《太平御览》"，版刻时间约比"蜀刻本"早 5—9 年。他描述说："师翁亦藏宋椠本，南禅寺天授庵所旧收。中宋椠本三百廿三卷，历应补抄本一十三卷，应永补抄本五十六卷（各卷末有笔者氏名），宽永补抄本六百二十三卷，计一千一十五卷九十六册。若'恒'若'朗'若'匡'若'殷'若'慎'若'敬'，皆缺末笔，知系光宗后刊本。"对于版式，岛田翰记载为半叶 13 行 22 字，左右双边，界长 5 寸 1 分，幅 4 寸 1 分至 1 分 5 厘。因为国内藏家无著录，且仅见于岛田翰记载，故"光宗刻本《太平御览》"是否存在只能存疑。

按，岛田翰生于明治七年（1874），其父篁村岛田是日本著名的汉学家，因而家学底蕴颇为深厚。篁村岛田藏书两万余卷，岛田翰自幼便在书海中遨游，他酷嗜阅读汉籍，自述道："余自束发出访天下之书，凡所谓旧钞、旧刻者未尝不读之。"（岛田翰《汉籍善本考》）父亲去世后，岛田翰继续购书、藏书。母亲为了支持他，不惜节衣缩食，使他得以随心所欲地购书，逐渐培养起对中国文献典籍的亲近感和研究兴趣。对于"光宗刻本《太平御览》"，他还记载说："卷第二百十一云：'承元三年岁次己巳八月二日。'……承元三年，即当宋嘉定二年，其舶载之古，亦可推也。"宋嘉定二年，即西元 1209 年，距离版刻已经过去近百年，《太平御览》开始流出国门。

清代学者严可均《书刻太平御览后》曾记载这样一件事：明末复社领袖张溥的曾孙告诉严可均，张溥家曾藏一部宋刻本《太平御览》1000 卷，两个女儿长大后，张溥家资匮乏，于是把这部《太平御览》一分为二，每人 500 卷作为嫁妆，传为美谈。但是，严可均没有说明这部宋版是哪个版本，诚为憾事。

第二节　明代版本

元代有无刊刻《太平御览》，不见史料记载。入明，出于巩固政权和繁荣经济文化等需要，历任帝王都比较重视培养维护封建统治人才，从而带来了书籍出版和流通的盛行。有明一代，刻书业蔚为大观，举凡官刻、私刻和坊刻，都取得了惊人成就。至于《太平御览》在明代的刻本，学者胡应麟《少室山房笔丛》中说："十年来始有刻。"流传至今的有两个刻本，另有若干钞本。

一、历经坎坷的明万历元年倪炳刻本

倪炳刻本是《太平御览》在明代的第一个刻本。隆庆二年（1568），无锡士大夫有好事者，召集饶世臣、游廷珪等福建刻工，计划用铜活字校刊《太平御览》。但不知何故，工程进展十分缓慢，历时三年才刻印十之一二，不久，此事便半途而废。倪炳知悉后，决定重新刊刻。倪炳，字伯文，浙江人，余不详。他是什么缘由来无锡？为官？经商？还是讲学？因囿于史料，皆不得而知。但是，能够召集几位当地士大夫，出资鸠工，想来绝非布衣，当为有职位或有影响力之人。

倪炳先是聘请博学的孙虞允担任雠校工作，但是隆庆六年（1572），孙不幸去世。为了保证校勘质量，倪炳百般寻找校本，他听说无锡士子名薛应登者，家塾中藏有善本《太平御览》一部，于是几次前往薛府。其时薛应登已经去世，薛的次子薛孙逢被倪炳的真诚感动了，捧出藏本，倪炳大喜过望，但细细阅读，发现薛应登只校勘了一半就仙逝了。望着失落的倪炳，薛孙逢当即表示可以继续先父事业，帮助倪炳解决困难。但天不遂人愿，三个月后，薛孙逢竟亦因病离开人世。校勘工作进展不大，好在临终前他把校勘中的《太平御览》转给了倪炳，倪炳一不做二不休，自己承担起了余下的校勘工作。倪炳边校边刻，两年后，也就是万历元年（1573）蒇事，《太平御览》在明代的第一个刻本终于完成。

刻成之后，倪炳又恭请无锡学者黄正色为刻本作序。按，黄正色（1501—1576），字士尚，无锡人，与同乡张选同登嘉靖八年（1529）进士，历任仁和、香山、南海等知县、南京御史、大理丞、少卿，最后迁南京太仆卿，因弹劾驸马，被诬下狱。《明史》称其"以直节显"。黄正色作序之时年七十余，已经致仕，但因为此序，该版本广为人知，故后人亦称此本为"黄正色本"。

"倪炳校刊本"《太平御览》版框高 20.3 厘米，宽 15 厘米。四周单边。每半叶 11 行 22 字，注文小字双行，字数同。白口，四周单边。单鱼尾，鱼尾上方记书名"太平御览"，鱼尾下方记卷第（如"卷一"），再下记页次。首卷首行顶格题"太平御览卷第一"，第二、三、四行低一、低一、顶格题"宋翰林学士……李昉等奉旨纂"，卷末行有尾题。卷首有"太平御览小引"，次有"太平御览总目"；再次为南宋蒲叔献《序》和李廷允《跋》，序后有"太平御览目录"。该版本被收录进《中国古籍善本书目》。

二、《太平御览》的第一个活字印本——明万历二年周堂活字本

这是《太平御览》在明代的第二个印本。隆庆二年（1568），闽人饶世仁、游廷珪等在无锡制字始印，方印成十之一二即辍，活字亦被常熟周光宙、周堂父子和无锡顾肖岩、秦虹川等购得，三家复汇聚各自所保存之活字，他们又设法寻找到饶、游二人，聘他们续印该书，直至万历二年（1574），最后完成印刷，此为《太平御览》史上第一个铜活字本。《太平御览》多达千卷，可谓宏篇巨制，用活字排印，足以说明此时活字印刷技术已相当成熟，同时亦反映出无锡之地富庶繁荣，有足够财力保证印刷进展。

主持活字印刷者周堂，生卒年不详，号学川，苏州常熟人。据清康熙《常熟县志》记载，其祖父名周彬，字近德，成化十三年（1477）中乡举。

父名光宙，是这次版刻的主要发起人之一。光宙，生卒年不详，初名照，字光宙，后以字行，号文川，明常熟人。明朝正德间，周光宙参加乡试，应举人考，主考官为顺天（明清时指北京地区）人汪文庄和顾文康，二人阅读过周光宙的考卷后，大为惊异，于是拔为第一。但是，之后再往京城参加会试时，却没有入闱，于是回乡继续读书，隐居授徒。某年，一位李姓尚书前来三吴安抚慰问，专门找当地名士询问相关情况，周光宙也在邀请之列。在谈到当地水利事业时，周光宙积极献策，提出诸多中肯建议。嘉靖三十三年（1554）四月，倭寇来犯，常熟古城早已颓坏，官府为抵挡倭寇，加紧筑城，为此征发侵占了太多的民居，百姓怨声载道。周光宙家宅正当要冲，遭毁坏最多，但他毫无怨言，因而受到当地官民的一致拥戴。

周光宙在这次刊刻《太平御览》的活动中主要承担校勘工作，他以饶世臣活字本为底本，借来同邑好友严讷（号养斋）藏为校本。按，严讷为嘉靖间进士，历官太常少卿、礼部侍郎、吏部尚书、太子太保等职，其家藏《太平御览》原为史馆所有，但史料没有记载是宋本还是明刻。周光宙认真其事，可惜的是未及见到全书刻成，即作古。周堂续父志，以南宋闽刻本为底本，认真校勘，所印仅百部，周、顾、秦三家分而有之。

周堂活字本《太平御览》（图十五）版框高 20.6 厘米，宽 15.4 厘米。四周单边。每半叶 11 行 22 字，注文小字双行，字数同。白口，四周单边，单鱼尾，鱼尾上方记书名《太平御览》，鱼尾下方记卷第，再下记叶次。首卷首行顶格题"太平御览卷第一"，第二、三、四、五行低一或二格题"宋翰林学士……李昉等奉旨纂"，第六行低一格题"皇明顺天解元海虞周光宙重校"；卷末行有尾题。卷首有小引，次有南宋蒲叔献《序》，再次有李廷允《跋》，序后有《太平御览目录》。卷一第六行有"皇明顺天解元海虞周光宙重校"一行，卷末有"闽中饶世仁、游廷圭整摆，锡山赵秉义、刘冠印行"二行。板心有"宋板校正，闽游氏全板活字印行壹佰余部"，或"宋板校正，饶氏全板活字印行壹佰余部"各二行字样（通常出现在卷之首页）。该版本被收录进《中国古籍善本书目》。

2009 年 6 月 9 日，文化部公布第二批《国家珍贵古籍名录》，内蒙古自治区图书馆藏明周堂铜活字本《太平御览》（图十六）赫然在列，编号为 02497。国家珍贵古籍名录是我国为建立完备的珍贵古籍档案，确保珍贵古籍的安全，推动古籍保护工作，提高公民的古籍保护意识，促进国际文化交流和合作，而由文化部拟定，报国务院批准后公布的一份名录，主要收录范围是 1912 年以前书写或印刷的，以中国古典装帧形式存在，具有重要历史、思想和文化价值的珍贵古籍，以及少数民族文字古籍。迄今共有 11375 部国家珍贵古籍，分别于 2008 年、2009 年、2010 年和 2013 年公布。

学术界对于明代刻书批评尤甚，一直流行"明人好刻古书而古书亡"的说法。实话说，明代刊印的两版《太平御览》，一如明人刊刻其他典籍，脱误太多，当时即有学者十分不满，胡应麟《少室山房笔丛》就曾给予"讹谬特甚""误人不尠"的论断，而《四库全书总目》也说："活字本、倪氏本同出一稿，脱误相类，而校手各别，字句亦小有异同。"这些校改多出于臆测，徒增混乱。

三、明代钞本知多少

上述两个刊版外，《太平御览》在明代还有多个钞本。（一）蓝格钞本。据台湾《"国家图书馆"善本书志初稿》载，台湾"国家图书馆"珍藏有两部蓝格钞本，一部曾经黄丕烈收藏，另一部经傅增湘收藏。（二）影宋钞本。据丁丙《善本书室藏书志》记载，该钞本为小字本，每半叶 26 行 22、23 字不等，余不详。（三）天一阁藏棉纸蓝格钞本。半叶 10 行 22 字，仅存 790 卷，83 册。（四）国家图书馆藏明钞本。共藏 3 部：第一部半叶 13 行 22 字，100 册，行款一仍宋蜀刻本，可知抄自宋蜀刻本，卷内有"虞山钱氏珍藏""琅邪赞止氏藏书"等；第二部半叶 10 行 22 字，存 379 卷，40 册。第三部半叶 11 行 22 字，存 90 卷，9 册，下书口刻"水东书屋"四字。王重民《中国善本书提要》说："明顾仁效藏书处曰'水东馆'，叶盛有《水东日记》，曾以'水东'名其书屋与否？今不可考。则此钞本确为谁氏所抄，未易遽言也。"（五）甘肃省图书馆藏明钞本（图十九）。该本为皮纸蓝格钞本，半叶 11 行 20 字，蓝口，四周单边。全书通篇有朱笔勘误，但不知出自何人之手，间有清代抄配。存 943 卷（卷一至卷八百三十八、卷八百九十六至卷一千），正文首卷钤有"光表堂藏书"印和"吴兴刘氏嘉业堂藏书记"朱白文印。2008 年 3 月 26 日，文化部正式公布第一批《国家珍贵古籍名录》，该版本入选其中，编号为 01913。（六）辽宁省图书馆藏明钞本。该本存 993 卷（卷一至卷七十四、卷七十六至卷八十一、卷八十八至卷一千）。2009 年 5 月，文化部公布了第二批《国家珍贵古籍名录》，该版本入选其中，编号为 02498。上述几部有名的明钞本外，《中国古籍善本书目》还著录 10 部残缺的明钞本，分别存 43 卷（钮氏世学楼钞本）、1001 卷、994 卷、982 卷、958 卷、922 卷、835 卷、158 卷、66 卷、27 卷和 10 卷，馆藏地不详。

第三节　清代版本

清代是考据学盛行的时代，大量学者毕生从事古书的注释、校勘、辑佚等工作，取得了丰硕成就。而从事古书整理，《太平御览》是他们必备的案头书，但是想得到这样一部卷帙浩大的书，谈何容易？如号称"佞宋主人"的黄丕烈，一生孜孜于古书校勘，钟爱宋版书。他为了得到宋版《太平御览》，助力自己学术，曾打算忍痛卖掉珍藏多年的钞本词书，后被顾广圻制止，但他还是设法不惜代价购得。清代学者普遍热爱《太平御览》，自然引发了该书的雕刻上板，有清一代《太平御览》版本主要有：

一、"臻于完善"的清嘉庆九年至十四年张海鹏从善堂刻本

从善堂是清代常熟著名刻书家张海鹏的藏书室名。张海鹏（1775—1816），字若云，一字子瑜，江苏常熟人。他出生于文化世家，父亲张仁济、哥哥张光基、侄子张金吾皆积极从事文献整理工作。张海鹏自幼颖异，刻苦读书，为人端正方直，乡里无闲言，曾出二万金，设从善局，赈济乡里孤寡。21 岁补博士弟子员，三试不中后，遂绝意名禄，笃志于坟典。张海鹏藏书、刻书之处名"传望楼""借月山房"。他曾说："藏书不如读书，读书不如刻书。藏书者好名非好学也；读书者为己不为人也。若刻书，则上以寿作者；下以惠后学，绵绵延延传之无极。"（《金文最序》）他一生勤于刻书，所刻《学津讨源》，收书 173 种；《墨海金壶》，收书 117 种；《借月山房汇钞》，收书 137 种等。

在张海鹏的大量刻书中，最为学术界乐道的是从善堂本《太平御览》。为了提高刻书质量，张海鹏延请常熟人孙原湘、太仓人盛大士和常熟人黄廷鉴等名家帮助校勘。张海鹏很有眼光，所聘请的几位校勘者在当地都是

非常有名的学者。其中，孙原湘（1760—1829），字子潇，昭文（今江苏常熟）人。嘉庆间进士，曾任翰林院庶吉士，充武英殿协修。孙氏幼年被目为神童，饱读图书，长于诗歌创作，一生编撰校勘多种典籍。盛大士（1771—1836），字子履，号逸云，镇洋（今江苏太仓）人。嘉庆间举人，曾任书院教谕，学问淹雅，潜心著录。史料记载，为请盛大士，张海鹏多次乘舟往返常熟、太仓两地，盛大士其时忙于书院事务，一直没有答应。一次，风雨交加，张海鹏所乘小舟侧翻河道，盛大士看到浑身上下湿透的张海鹏后，当即不再推辞，允诺下来。黄廷鉴（1762—1842），字琴六，昭文（今江苏常熟）人。年轻时求学于赵同翮、王庭筠。擅长考证学，终日忙碌于古编陈简中，人称"老蠹鱼"。"蠹鱼"是一类较原始的无翅小型昆虫，专门咀嚼书本，所以往往用之来比喻那些爱书如痴的读书人。观黄廷鉴一生，手校典籍不下十数百种。他在《与张若云州司马论〈太平御览〉考异书》一文中首先追述了校勘的历史渊源，接着针对《太平御览》提出来一套行之有效的校勘方法：第一，异文两存；第二，原文与注文皆注明；第三，似误者以《太平御览》为准；第四，证之古书以唐代为断。这样的校勘原则大可保存《太平御览》的原貌。

有了上述三人的鼎力相助，张海鹏的校勘工作极为顺利，因此之故，从善堂本《太平御览》（图二十一）比明清其他各版本质量都要好，被收录进《中国古籍善本书目》。

从善堂本《太平御览》开雕于嘉庆九年（1804），完成于嘉庆十四年（1809）。张海鹏利用何元锡抄周锡瓒藏宋刻本 366 卷、黄丕烈藏旧钞本 519 卷又序目 16 卷、自藏旧钞 22 卷、范氏天一阁旧钞 23 卷作为校本，黄廷鉴比较明代两个刻本后，称自己所刊《太平御览》"臻于完善"。惜刻成不久，书板毁于战火。该版半叶 11 行 22 字，白口，左右双边，单黑鱼尾。卷首有劳树棠、孙星衍、孙原湘、何元锡、张海鹏等序，接下为宋版蒲叔献《序》和李廷允《跋》（图二十二），再下为《〈太平御览〉经史图籍纲目》等。

二、《太平御览》第二个活字本——清嘉庆十一年汪昌序活字本

汪昌序，祖籍安徽歙县，生活于清乾嘉时期，祖辈在扬州经商。汪氏世代以"诗书继世，孝友传家"为训。早年失怙，家道中落，但博览群书，能诗善文，虽中举，但未仕宦。嘉庆十一年（1806），汪昌序其时家境已衰微，乏于赀财，但仍志在文化传播，在扬州用活字校印《太平御览》。该本每卷后间题"吴兴陈杰、沈宸，仪征毕贵生分校"等字，卷前存黄正色序，郭伯恭认为所据底本"似是出于明刻本"。

汪昌序活字本印刷数量较少，历经百年后，被书界奉为瑰宝。2000 年，广东省收藏家协会古籍连环画专业委员会主任唐智勇先生不意间得到了一部，首卷有"义歙汪昌序重校"小引和"王春解藏书印"，经考证，知原为清高要教谕王春解的私人藏书，但全书只有 980 卷 94 册，尚缺 6 册。为了补齐全书，唐智勇开始了他漫长的配书过程，在随后的 6 年间，凡是有可能出现该类宋版书籍的地方，他都一一找遍，他说："就差没去藏有该书散本的日本、俄罗斯、英国和美国了。"无奈之下，唐智勇转而求助于广州古籍鉴别专家陈恒宽老先生。2007 年始，已经 74 岁高龄的陈恒宽开始了艰苦的手抄补齐工作，陈先生既能写得一手宋体繁体字，又懂得古书版本，由他抄补再合适不过了。2010 年，陈先生终于完成全部抄补工作，所补 6 册与原书除了纸张颜色不同外，如果单看字体几可乱真。

三、徽商所刻最大的类书——清嘉庆十七年鲍崇城刻本

从善堂本《太平御览》印刷数量极少，且不久板片惨遭兵燹，这样就带来了社会需求的矛盾。好在扬州鲍崇城不久亦有刊刻之举，《太平御览》在清代的第三个印本诞生了。

鲍崇城其人生平，史料缺乏记载，所仅知者原籍为徽州歙县，世代在扬州经商，为当地有名的盐商。明清以来，徽商多贾而好儒，他们把经营所得，多数用在文化教育事业上，既提升了这一阶层的社会地位，又为古代文化事业做出了突出贡献。嘉庆十二年（1807），鲍崇城根据其所得的明祁氏澹生堂、钮氏世学楼等钞本，又借得阮元所藏张海鹏刊《太平御览》，认真从事校勘。

此后整整两年时间，鲍崇城把主要时间全都用在校勘这部典籍上来了。但是，鲍崇城毕竟是商人出身，学识不足，难以精校。为此，他请来大学者阮元（图二十三）协助校勘。阮元是何等人物，那可是从徽派朴学阵营中走出来的清代思想学术史上一位里程碑式人物，他对清代朴学最大贡献有二：一是汇集编印大量文献典籍，二是培养造就大批有用人才。史书记载阮元少年得志，聪明异常，阅读精深，兴趣广泛。他进翰林院没过几年便遇上了"翰詹大考"，试题是太上皇乾隆亲自命题，题曰《眼镜》，限押"他"字韵。这个诗题对那些泥古不化的夫子们，显得非常生僻艰涩，因为眼镜在当时并不普及，古人诗文中均未提及，何况"他"字又是险韵，雪上加霜。而年纪最轻的阮元诗作得最快最好，诗中有一联是"四目何须此，重瞳不用他"，乾隆帝龙颜大悦。原来乾隆帝其时年逾八旬，但仍耳聪目明，不戴眼镜，阮元用"四目""重瞳"典故来恭维他，意为乾隆可比尧舜，察人看事，非常清楚，无须借助眼镜，因此，乾隆高高兴兴地提拔他为一

等一名。阮元为学主张实事求是，一生主持刻印、校勘了众多典籍，如《皇清经解》《经籍纂诂》《十三经注疏》等，每一书成，他都撰写校勘记，总结校勘成果，在古代文献学史上做出了突出贡献。在帮助鲍崇城校勘《太平御览》时，阮元尽其所能找来《太平御览》各种版本，发现以黄正色本为代表的明代版本错讹太多，于是弃而不用，专以宋本为依据，算是抓住了问题要核，很快完成其事。

嘉庆十七年（1812），在扬州开工雕版，印刷后线装 120 巨册，为清代徽商刊刻的最大一部类书。该版每半叶 13 行 22 字，卷首有阮元及鲍崇城序，无"经史图书纲目"，下接宋版前言，再次"太平御览总类"，每卷页下书"古歙鲍崇城重校"字样。

鲍崇城刻本《太平御览》（图十七）在清代影响较大，翻刻、影印者不绝。光绪十八年（1892），南海李氏取鲍崇城本重刊，扉页印有"岭南荔华仙馆藏书"字样，卷首有鲍氏序，无阮元序。第一千卷尾题"□洲村李氏校刊"字样，以此知曾经校勘，改了不少字，与鲍本不完全相同。又，清光绪二十年（1894），上海积山书局据鲍崇城刻本影印，流通天下。该版本被收录进《中国古籍善本书目》。

四、蒙受乾隆御题的《四库全书》本《太平御览》

乾隆三十八年（1773），清廷开馆编辑《四库全书》，四十五年（1780）编修官呈进校勘过的《太平御览》（图十八），抄入全书。需要说明的是，《四库全书》卷帙浩繁，收经史子集四部书近 3500 种，而《太平御览》是字数最大的一部书，能够受到馆臣垂青，可见《太平御览》价值之高。这个版本以明黄正色本作为底本，他本为校本，详校官为侍读学士沈咸熙。沈咸熙乃康熙年间浙江湖州著名学问家沈三曾之孙，家学渊博。康熙十五年（1676），沈涵、沈三曾兄弟同榜进士，同入翰林。沈涵曾任福建学政，督学兴学于外省。沈三曾丁忧归里后，便潜心教授子侄读书。到了康熙五十一年（1712），沈三曾的儿子沈树本高中榜眼，授编修，不久便以奉亲养老辞官回到湖州，主持安定书院几十年。沈三曾之孙沈荣仁、沈荣光、沈咸熙也连捷进士，成为翰林院青年才俊。一家人祖辈三代接连中榜，实属罕见。沈氏对校勘工作十分认真，文渊阁本《太平御览》卷首对于这次校勘活动记载说："（明黄正色本和周堂活字本）脱误相类而校手各别，字句亦小有异同。今以二本互校，并证以他书，正其所可知而仍其所不可知。古书义奥，文句与后世多殊，阙疑犹愈于妄改也。"即采用对校方法，证以他书，尽可能地还《太平御览》以本来面貌。覆校官为员外郎牛稔文。稔文，字用余，号香隐，河北献县人。与纪晓岚是表兄弟。乾隆丙戌（1808）举人，历官普洱知府、湖南督粮道。他任《四库全书》缮书处分校官，覆校书籍多种，《太平御览》即为其中一部。

　　《四库全书》本《太平御览》卷首有乾隆皇帝题诗一首，云："太平谁不喜，求实非求名。必也励乾惕，还当戒满盈。设徒资黼黻，终致诮丰亨。宋帝怀惭德，三书弆众英。搜罗虽已富，考证未云精。四库翻其目，五言写我情。"（图二十）四库馆臣在卷首详述《太平御览》的历代版本和该书的文献价值，其中说："宋初去古未远，即所采类书，亦皆具有渊源，与后来饾饤者迥别，故虽蠹蚀断烂之馀，尚可据为出典。世所传宋以前书，可考见古籍佚文者，仅六七种，曰裴松之《三国志注》，曰郦道元《水经注》，曰刘孝标《世说新语注》，曰李善《文选注》，曰欧阳询《艺文类聚》，曰徐坚《初学记》，其一即此书也。"尤其推崇其在辑佚史料方面的作用，见解颇深。

第五章　不许"禁书"出国门

所谓禁书，是指执政者或宗教领袖为了巩固自身地位或信众信仰，禁止那些不利于统治地位稳固的书籍，他们采取强烈的排他行为，以焚烧书籍或追杀原作者等行为，以此达到严禁此类书籍流传的目的。从内容上来说，禁书一般会触及政治、隐私或色情、迷信等问题。历史上，古今中外被列为禁书的典籍大量存在，有的被禁之后从此销声匿迹，不复存于世间，也有的虽然被禁，但改朝换代后，很快复现世间，照样流传。但是，以搜辑资料，按类编排为主要特色的大型类书《太平御览》却也曾被划入"禁书"之列，且不允许流出国门。这是怎么一回事呢？话题还得从朝鲜向宋王朝讨要《太平御览》说起。

第一节　朝鲜是如何得到《太平御览》的

北宋元丰八年（1085），宋神宗去世，年仅九岁的太子赵煦继承大统，是为宋哲宗，而幕后执政者为高太后，高太后任用司马光为宰相，北宋王朝依然保持着经济繁荣、文化强盛的局面。这一年距离《太平御览》修纂工作完成已经103年了。100多年来，与前代大型类书《皇览》《修文殿御览》

等禁锢宫秘，仅为少数人阅读使用不同，《太平御览》以钞本和刻本等不同形式在世间广为流传，普通知识分子也有机会接触到它。不但如此，与中国文化交流一向较为频繁的高丽和日本学者也知晓此书。

元祐元年（1086），也就是宋哲宗即位的第二年，朝鲜半岛上的高丽王朝派遣户部尚书金上琦、礼部侍郎崔思文、工部尚书林暨、兵部侍郎李资仁等人，组成庞大的使节团来到北宋首都开封，一行人的使命是对宋神宗驾崩的吊慰及对宋哲宗登基的致贺，同时，他们还肩负着一项特殊的使命，那就是顺便向北宋王朝讨要有关刑法之书、《太平御览》《开宝通礼》和《文苑英华》等。年幼的宋哲宗听完金上琦等人请求后，没有马上给出答复。使者退出后，哲宗就此事和高太后及司马光等大臣认真商量，君臣达成一致意见，在高丽使团回国时，只允诺赐给《文苑英华》一书，又赐给名马、锦绮、金帛等贵重礼物，却没有赐给《太平御览》等典籍。《宋史》没有记载宋王朝不赐给高丽《太平御览》的原因，而《续资治通鉴长编》则说，哲宗等人认为《太平御览》是"禁书"，因此，不允许传出国门。

《太平御览》按类编排各种资料，是史料渊薮，谈不上政治危害，也不涉及隐私和色情迷信，为什么在编纂百年后，被统治者列为"禁书"呢？分析起来，大概与古人根深蒂固的夷夏之辨有关。高丽偏处朝鲜半岛，虽与中原交流甚早，但军事和文化冲突不断，哲宗等人不愿意把《太平御览》等书送给高丽，一方面有轻视高丽之意，另一方面也有文化保护之意，不愿意把文化精华轻易送与他国。因此，可以说，宋统治者把《太平御览》列为"禁书"，并非一般意义上的禁书，而是有尊崇之意。

朝鲜使团信心满满向大宋王朝讨要《太平御览》，没想到会碰了一鼻子灰，不过，他们并不灰心，而是执着于此道，不得到此书，决不罢休。

在此后的日子中，朝鲜人不断向宋廷提出这一要求。《宋史》记载，又过了13年，也就是宋哲宗元符二年（1099），高丽进奉使尹瓘等人出使大宋，拜见过宋帝后，再次恳请宋朝赐给《太平御览》等书，哲宗皇帝还是没有答应，但是诏书上说："所乞《太平御览》并《神医普救方》见校定，俟后次使人到阙给赐。"意思是说，《太平御览》正处在校订时期，不便于赠送。所言是否为确，不可得知，今天看来，多半是宋廷的托辞，本意还是不愿让《太平御览》这样的大书流出国门。时间又过了两年，也就是宋徽宗建中靖国元年（1101），高丽派使者王嘏、吴延宠出使宋廷，回国的时候，徽宗经不住使者的一再求告，大发慈悲，答应赐给高丽国《太平御览》一部，经过十多年的缠磨，高丽国终于得到了梦寐以求的《太平御览》。还要一提的是，除宋廷赐予外，跟从王嘏、吴延宠而来的高丽商人偷偷在民间买去一部，这样，高丽王朝一下子获得了两部《太平御览》，真可谓收获巨大。

得到《太平御览》的高丽国，很想对大宋王朝表示感激之情，按照当时的习惯，应该由国王亲自撰写一篇谢表呈送给宋廷，为表达准确，且富文采，高丽国王辗转找到了宋人葛胜仲代写。葛胜仲，湖州人，进士出身，博学多才，善于诗赋，官至太常寺卿，就是在朝廷举行大礼时，由他引导，属于正三品。葛胜仲曾多次出使高丽，这也许是高丽国王委托他代写谢表的原因吧。葛胜仲以其奔放才情，很快撰写好《代高丽王谢赐〈太平御览〉表》，文采斐然，感情真挚，今存《宋会要辑稿》中。

《太平御览》一书卷帙浩繁，高丽国小，人力物力有限，难以模版雕刻，而且，他们仅仅得到两部书，仍然难以满足学者们阅读使用，于是该国仍然千方百计搜寻，以期有所获，直到南宋光宗绍熙三年（1192）才又获一部。不过，这次不是高丽使臣的功劳，而是南宋商人前往高丽贸易时，顺便呈献给高丽王朝的。朝鲜郑麟趾所著的《高丽史》卷五记载说，高丽国王欣喜过望，当即厚奖宋商白金 60 斤。

第二节　《太平御览》在日本的流传

日本与中国一衣带水，中间虽有浩瀚的太平洋，但是文化交流从未受阻隔。早在两千多年前，日本人就开始接受中华文化恩泽，汲取中国文化滋养。而日本接受中华文化最主要的方式就是输入汉籍，史载日本输入汉籍最初是通过朝鲜的。到公元 8 世纪，随着遣唐使大量来华，日本对汉籍需求大增，中国境内的大多数典籍都流传到了东瀛各岛。

前文已经说过，有宋一代《太平御览》是被列为"禁书"，严禁出国的，但是，当时与日本进行贸易的宋朝商人，应日本政权实际掌握者（即摄政关白）藤原氏一族的道长、赖长等人请求，贪图大利，走私偷运出关，大约在 12 世纪后期传入日本。这与该书南宋时传入高丽的情况十分相似。据日本《山槐记》记载：高仓天皇治承三年（1179），太政大臣平清盛在八条宫向东宫赠献的礼物中，有《太平御览》一部，并注明说："自大宋国送禅门，未渡本朝书也。"此为《太平御览》传入日本之始。

1985 年，严绍璗先生应邀担任日本京都大学人文研究所日本学部客员教授，来到日本访学，其间，他遍访日本各大图书馆，研究汉籍流入日本情况。经过研究，他认为书陵部所藏《太平御览》为南宋蒲叔献蜀刻本。此本《太平御览》分装 114 册，其中，第 1—23 册、第 38 册、第 55 册、第 64 册、第 65 册、第 96 册为后人写补。此本原系金泽文库旧藏，写补的第 55 册、第 64 册、第 65 册的首尾，皆有"金泽文库"印记，则为入库之前已经阙佚而写补，其余的写补本册上无"金泽文库"印者，皆系从金泽文库流出后才阙佚的。所有写补文本，皆白纸 13 行字。此本从金泽文库流出之后，便归入相国寺，江户时代初期入为德川幕府的枫山官库书架上物。明治时代先进入内阁文库，终归于宫内厅所有。日本留存的宋刊本《太平御览》，除此本外，尚有静嘉堂文库藏本和东福寺等藏本，共两种四部。

除宋刊本外，日本还对《太平御览》其他版本留意收录，如宫内厅书陵部还藏有明代万历元年（1573）倪炳刻本及万历二年（1574）周堂铜活字刊本各一部。

《太平御览》流传到日本主要是中国商人行为，根据严绍璗先生在日本查阅资料得知，18 世纪中期到 19 世纪中期的 100 年间，中国商船曾经先后四次向日本输出《太平御览》：（一）中御门天皇亨保二十年（1735），中国商船第二十五番广东船（船主黄瑞周、杨叔祖）载钞本《太平御览》一部 24 帙，抵日本；（二）桃园天皇宽延二年（1749），中国商船"多字号"载《太平御览》一部 10 帙，抵日本；（三）仁孝天皇天保十五年（1844），中国商船载《太平御览》一部，在日本公开竞卖；（四）孝明天皇嘉永二年（1849），中国商船"申三番"载《太平御览》一部 20 帙，抵日本出售。

此外，需要说明的是，历史上，日本除从中国引进外，还亲自排印过《太平御览》，以满足国内读者的需要。

江户幕府时代，日本国内有一位名叫喜多村直宽（字士栗）的侍医，类似于中国古代的太医，但他是为幕府服务的。这个人不但医术高明，而且医学理论水平也高，他先后编纂了《晋唐名医方选》《金匮玉函要略疏义》《近世汉方医学书集成》等书，积极向日本介绍中国古代医学典籍。喜多村直宽还是日本历史上著名的出版家，他刊刻的主要是医学典籍，如在1852年，主持重刻《御修医方类聚》，在日本医学史上具有重要的文化意义。这位把毕生奉献给医学事业的学者，十分喜爱中华文化，并且为中日文化交流做出了突出贡献。

一次，喜多村直宽为查阅医学史料，不经意间得到医官曲直濑所藏明影宋钞本《太平御览》，粗略翻阅之后，大为惊异，他被书中包罗万象的内容所震撼，更加喜欢书中关于医学部分的资料。当他得知日本国内所藏《太平御览》全部来自中国后，十分怃然，于是发愿刊刻，以满足更多人阅读和利用。喜多村直宽的刊刻工作始于日本安政二年乙卯，也就是清咸丰五年（1855），竣工于日本至文九元年辛酉，也就是清咸丰十一年（1861），前后历时六年多。他用活字排印，以枫山官库所藏宋椠本亲自校勘，这个版本被称为日本仿宋刊本，也称日本活字本，是《太平御览》第一个国外版本。

1928年，张元济到日本访书，他见到了日本仿宋刊本后，认为比同是仿宋的清鲍崇城刊本要好得多，原因是版心所记刻工姓名与南宋蜀刻本十分吻合。不过，由于喜多村直宽的汉学水平还远远达不到精准的地步，他虽然付出了很多心血，但还是存在很多问题。杨守敬在日本仔细阅读这个仿宋刊本后，认为喜多村直宽在校勘时存在很多臆改的问题，这样，相较于国内各版本，日本仿宋刊本《太平御览》的版本价值就大打折扣。

需要说明的是，《太平御览》成书后至晚清时期，一直不断地单向向日本传播，但是到了日本明治维新之初，日本国内崇尚西洋，鄙视汉学，其国出现了一股内弃古籍如蔽履的歪风，在日本经商的中国商人趁此购回大量汉籍，是为汉籍回归潮。据当时一位阙名中国人所撰写的《日本杂记》记载，一部《太平御览》价格仅在 10 元左右，非常便宜。

第三节　费之迈与德译本《太平御览》

《太平御览》在向海外传播过程中，不仅受到了日韩等东亚国家的关注，也引起了西方文化界的垂青，现今，美、英、法、德等主要西方国家图书馆大都珍藏有这部伟大的典籍。我们还要注意的是，西方文化界对于这部"类书之最"不是简单的保存，还有积极翻译成外文之举，试图通过这部书来深入了解中国古代文化，并让西方更多学者利用它、研究它。第一位把《太平御览》翻译成西方文字的是德国近代著名翻译家费之迈。

费之迈（1808—1887），奥地利著名汉学家，出生在温泉疗养城市卡尔斯巴德（现捷克境内）。在中学就读之时，费之迈就显示出对外语的浓厚兴趣和超人天赋，19 岁时便可掌握法语、意大利语、英语、拉丁语、古希腊语、土耳其语和俄语等多种外语。1831 年，他发表了从拉丁语翻译成土耳其语的一首抒情诗，这件事轰动一时，因为谁也无法相信，一个年轻人可以通过自学取得如此成果。1835 年，费之迈大学毕业，获得医学博士学位，他回到家乡成为一名疗养医生。但这一职业对他并没有吸引力，1838 年他离开家乡，来到首都维也纳，开始学习斯堪的纳维亚语、荷兰语、波斯语、埃及语、日语和满语等。费之迈发现了法国汉学家雷慕莎编写的《汉语语法要素，国文、古文、官话的一般性原则即中华帝国的日常用语》，一下子对汉语产生兴趣，于是开始使用这本书自学汉语。

几年之后，费之迈学习汉语得到了长足进展，不仅可以阅读汉文典籍，且可以尝试把汉文典籍翻译成德语了。1867年，他开始翻译发表《太平御览》的部分内容，使用的蓝本极有可能是清鲍崇城刻本，因为奥地利国立图书馆所藏正是鲍崇城刻本。费之迈每翻译一部分，就在奥地利科学院内以会议报告的形式发表。费之迈首次发表的报告包括两部分内容：第一部分题为《今日朝鲜原住民讯息》，翻译的是《太平御览》卷七百八十《四夷部一》中的内容；第二部分题为《宝珠的故事》，翻译的是《太平御览》卷八百零二和卷八百零三《珍宝部》的内容。费之迈模仿《太平御览》交代材料来源的做法，在开篇引言中一一指出了这些资料的文献出处。

到1875年为止，费之迈发表的《太平御览》德译内容约1590页，覆盖原书约14%的内容，共计翻译了67万汉字。他对有关天体、四季、地理、历代皇帝及亲属、官职等11部内容都没有进行翻译，因为这些内容在其他典籍中能够找到，故不必费心翻译。费之迈对于中国古代文化十分感兴趣，因此翻译主要放在了与梦、心理状况、生活境遇、道教、服饰、方术、珍宝、饮食、火、神鬼、妖异、动物、植物、药相关的内容，涵盖《太平御览》约137卷的全部或部分内容，选译范围体现了19世纪中期欧洲汉学研究所关注的重点。

费之迈在翻译导言部分中，结合具体内容，简明扼要地指出选译原则。他选译的原则有二：（一）内容值得特别注意；（二）内容有进行研究的价值。而他不愿意翻译的原则也有两方面：（一）内容刻意夸张、虚假不实；（二）既不具有文学性，又不能传递知识。能否"传递知识"是费之迈选题的重要指标，例如，在翻译《人事部》"惧"时，他认为这部分内容体现中国人和欧洲人在行为上的显著区别。又如选译"茶""盐",费之迈认为古代中国人对于茶和盐处理方式非常特别,值得关注。再如"阴间"的概念,费之迈觉得具有价值,因为这个概念在其他欧洲书籍中还没有出现过。总之,只有那些完全新鲜、有意义的事物,才会进入他的选译范围。

费之迈用德文翻译的《太平御览》一经刊出,立刻引起了欧洲学者广泛关注,众多学者纷纷置评,给予了高度赞扬。他在翻译《太平御览》时所积累的汉译方法和原则直到今天仍为欧洲学术界所参考。此外,在他努力下,奥地利国立印刷厂将其翻译中所引用的汉字进行印刷,遇到那些无法印刷的汉字,他就自己进行标注,有时还会标出汉字的部首。(本节内容参见王静《翻译家费之迈与德译〈太平御览〉》)

第六章 文人学者与《太平御览》佳话

《太平御览》纂修完毕，且付梓流传后，很快引起了学者们的广泛注意，很多人以能够得到这样一部大书而自豪。宋代有位学者名叫葛胜仲，他擅长诗文，学识渊博，尤好读书，但薪酬微薄，不足以购买，于是忍痛把官府颁赏的酒券拿出来，以此向尚公辅借阅《太平御览》，半年之内，匆匆阅读一过，史上传为美谈。宋代以后，学界对于《太平御览》表现出越来越强烈的需求，不仅诗文创作需要从中查阅掌故、辞藻，从事校勘、辑佚、注释等学术研究更需要依赖这部书。历史上，学者利用《太平御览》治学和围绕这部书发生的求书、出版等事例举不胜举，有的已经传为学林佳话。

第一节 张元济东瀛访《太平御览》

张元济（1867—1959，图二十八），字筱斋，号菊生。浙江海盐人，近代著名出版家、版本目录学家。清光绪十八年（1892）进士，授翰林院庶吉士，历官刑部主事、总理各国事务衙门章京等。面对晚清外侮日迫局面，深感必须变法图强。1896 年与陈昭常等人创办教授西学的通艺学堂，积极参加维新运动。戊戌变法失败后被革职，于是前往上海，致力于文化出版事业。1902 年进商务印书馆，先后担任编译所所长、经理、监理、董事长。他精于版本目录之学，全力搜购中外名著和古籍善本，创建涵芬楼和东方图书馆，亲自别择校定辑印《四部丛刊》《续古逸丛书》《百衲本二十四史》等。张元济终其一生辛勤地与古籍打交道，其中，他与《太平御览》还有一段感人的故事。

话题要从清宣统二年（1910）说起。

那年初冬的一个清晨，湖州城家喻户晓的月河陆家大宅专用河埠头旁停着几艘大船，陆府的人神色凄然地站在一旁，几个操持江北口音的挑夫将一摞摞古籍从严禁家眷上楼的皕宋楼中搬入船舱，几个嘴里伊喇哇啦的日本人正趾高气扬地比画着什么。月河旁的行人纷纷驻足观看，悄声议论道："陆家大公子把他老头子收罗来的古书都卖给东洋人了。""他老头子陆心源为收这些书不知花了多少心血啊！""大公子陆树藩做事业亏了本，就把祖上的家当贱卖，真造孽！"但是，议论归议论，谁也没有能力从日本人手上买回来这批典籍，或者阻止这次买卖行为，只好眼睁睁看着装满藏书的大船耀武扬威地驶离湖州城。

时在商务印书馆任职的张元济刚刚从欧洲考察回来，几天后，他闻知皕宋楼珍本被日本人收购后，万分火急，不顾鞍马劳顿，立刻带着多方筹措来的 6 万银两订金匆匆赶到湖州陆家大院。其实早在出国前，张元济已经闻知陆氏要出售皕宋楼藏书，他劝说商务印书馆购下充实资料室，但是那时候的商务印书馆资金不足，最多只能拿出 8 万元，且还是分批。急需用钱的陆树藩自然不看好商务印书馆这区区 8 万元，并且一再拒绝张元济登楼观书的请求。张元济转而求助清政府，希望朝廷买下，为日后建设京师图书馆做基础，但是接见他的军机大臣荣庆对此很不热心，置若罔闻。

紧接着，张元济就因公前往欧洲，旅程中他盼望着回国后继续操作此事，但是，万万想不到短短的几个月之间，陆家人便迫不及待地出售给了日本人。迟到了的张元济看到䘏宋楼中仅剩下空落落的书架和满地的废纸标签，凝噎无语，他捶胸顿足，悔恨不已，悔自己得到消息太迟，恨陆家不肖子孙之贪财无知。

䘏宋楼藏书售卖给日本岩崎弥之助财团静嘉堂文库的消息很快便在大江南北传播开来，人们扼腕于古代典籍不能守在中土，而是漂泊异国他乡。更令人遗憾的是，随船而去的典籍中，就有《太平御览》现存的第一个刻本——南宋蜀刻本。

此后的日子里，张元济埋头于工作之中，他的主要任务是为涵芬楼收购古籍，为编印《四部丛刊》《百衲本二十四史》寻找最佳底本。多年以来，张元济寻找古籍积累了一套丰富的经验，他自己概括为16个字："求之坊肆，丐之藏家，近走两京，远驰域外。"其中的"远驰域外"主要指的是他1928年作为中华学艺社名誉社员身份，与郑贞文、陈文祥、张资平等同行，到日本访书。他到日本后多方奔走，对东瀛所收藏的中国古籍做了一次书目和版本调查。此行距其初访日本已23年了，他深有感触，曾赋诗一首说："二十三年溯陈迹，刘郎前度又重来。深宵一夕伤心语，故国迢遥首屡回。"而正是这次访问，张元济重新获见18年前被日本岩崎弥之助财团运走的南宋蜀刻本《太平御览》，弥补了他和这部典籍擦肩而过的遗憾。

张元济在日本观书计时一个半月，他先后在东京、京都等地，参观静嘉堂文库、宫内省图书寮、内阁文库、私立东洋文库、帝国大学图书馆，还应邀观看京都东福寺藏书以及几家私人藏书，与汉学家诸桥辙次、盐谷温、狩野直喜、长泽规矩也等数度聚晤，收获不小，感觉琳琅满目美不胜收。勤勉的张元济在日本观书期间，除星期日外每日不息地阅选古书，每晚必作笔记，至于深夜。每个图书馆大约各阅书三四日。张元济专看经、史、子、集，郑贞文则阅读古小说，初步选出后，由张元济决定拟借书目，商借照印事宜。

静嘉堂文库（图二十五）是张元济此行主要访问目的地。静嘉堂文库是日本收藏日文古籍的专门图书馆，设在东京都。静嘉堂文库坐落在东京世田谷区多摩川旁的一块台地上，是一座英国古典式建筑，红墙绿瓦，四周林木环抱，置身其间，顿时有一种寂静安谧之感。该文库是三菱财团岩崎弥之助和岩崎小弥太夫子在明治维新时期创办的。当时西学东渐，日本人大多抛弃古代汉籍，而岩崎家族源于深厚的汉学修养，反其道而行之，开始大收东方文化典籍。中国清末藏书家陆心源去世后，皕宋楼藏书流入静嘉堂，据《静嘉堂文库略史》记载，皕宋楼所藏宋元版刻本和名人手抄本经过日本汉学家严格甄别，剔除赝品，实有宋刊本 121 部，2691 册；元刊本 109 部，1999 册。静嘉堂文库所藏汉籍多而精，一时成为日本首屈一指、令世界汉学界为之叹服的文库。

张元济来到静嘉堂文库后，受到了日本汉学家诸桥辙次的热情接待。诸桥生于 1883 年，毕业于东京高等师范学校汉文科，曾来华留学，与张元济有旧谊，回日本后担任静嘉堂文库科长。他陪同张元济等人瞻仰岩崎的铜像和墓地，然后参观藏书。对于这次观书，张元济十分兴奋，他曾撰写一首诗歌记述其事，诗中说："好书不厌百回读，快事生平夸眼福。"形象地描述了观书时的喜悦心情。

张元济等人阅览之后，决定拟借书目，向图书管理人员商借，由他们在东京预约的照相技师在馆内用特种照相机逐页摄成小型胶片，携回国后放大，影印成册。而当张元济看到静嘉堂所藏南宋蜀刊本《太平御览》时，尽管该版本有些残缺，但他仍然抑制不住惊讶和激动的心情，十分感慨地说："这可是稀世珍宝啊！"在给《太平御览》摄像时候，他一再叮嘱制作人员小心，一定不可遗漏任何一页。因为蜀本有所缺漏，他取静嘉堂所藏的宋闽刊本残卷和喜多村直活字本分别补足，又以国内鲍崇城本、张海鹏本对校补缺，使之成为最善与最可信之本，于1935年置于商务印书馆出版的《四部丛刊三编》中，分订136册，这就是《四部丛刊三编》影印宋刻本。

此处还要说明的一点是，张元济是一位严格认真的出版家，在印刷过程中，他发现《太平御览》格子过小，行数甚密，过于束缚，殊欠生动，要求印刷厂重写，将格子放大，落笔较为自如。他还亲自过问纸张的选用，告诉商务印书馆职员印刷《太平御览》这样的典籍时不要惜费，主张选最为适宜之品，利于流传和学者使用。可以说，张元济为《太平御览》付出了太多的心血。因为《四部丛刊三编》本《太平御览》胜于其他刊本，就成为多年来流行的最好版本。

第二节 鲁迅治学与《太平御览》

在鲁迅先生（图二十四）几十年的日记中，谈及购买古书的记载几乎每月都有，可知鲁迅先生从年轻时直至逝世，一直都在购买古书。鲁迅先生藏书中，线装书籍占了很大比例，经史子集的常见书基本齐备，另外还有 80 多部完整的丛书。鲁迅先生藏书以实用为目的，大都是当时流行的版本，他不刻意花大价钱收藏宋刻元椠，换句话说，如果非要给鲁迅先生贴上"藏书家"的标签的话，那么他应该属于考订类藏书家。

为了写作和治学方便，鲁迅先生所收藏浩如烟海的中外书籍中，自然少不了古代类书，而《太平御览》在先生的购书和藏书中占据相当大的比重。1927 年，在已经藏有一部清光绪十八年(1892)南海李氏翻鲍刻本的基础上，7 月 4 日，鲁迅又从广雅书局以 40 元高价购进《太平御览》一套，共 80 册。1935 年 12 月 30 日，又往商务印书馆取回预约的《四部丛刊》本《太平御览》一部，计 136 册。这样，鲁迅先生便拥有 3 个版本的《太平御览》，甚便研究之用。

鲁迅先生对于"类书之冠"《太平御览》可谓情有独钟，不但自己治学离不开这部大书，而且经常在指导青年学者读书治学时推荐这部书。如 1929 年 1 月 6 日，鲁迅先生回复章廷谦信中，主要是向章推荐阅读古籍书目，其中就郑重提到《太平御览》，并告诉章廷谦如何运用这部书来查找史料。

鲁迅先生治学利用《太平御览》，主要在辑录《会稽郡故书杂集》及《古小说钩沉》中；《岭表录异》《谢灵运集》《虞永兴文录》等部分内容，有些也出自该书的；《中国小说史略》亦大量运用《太平御览》的资料。此外，鲁迅还利用《太平御览》校勘《嵇康集》、谢承《后汉书》以及《范子计然》《魏子》《任子》《志林》等书。这里我们重点来谈一下鲁迅先生利用《太平御览》辑佚《会稽郡故书杂集》和《古小说钩沉》的情况。

第一，多数篇目内容全部辑自《太平御览》。《会稽郡故书杂集》篇目全部来自《太平御览》的有：《严遵》《董昆》《淳于翼》《茅开》《阚泽》，以上为《会稽先贤传》；《计倪》《郑吉》《陈嚣》《钟离意》《孟英》《孟尝》《梁宏》《谢夷吾》《董昆》《王充》《赵晔》《董黯》《高丰》《黄品》《戴就》《陈修》《沈勋》《魏朗》《骆俊》《魏徽》《伍贱》《张京》《吴范》《任奕》《邵员》《卓恕》《贺邵》《夏方》《张立》《朱朗》《唐庠》《张谏》《虞伦》《孟淑》，以上为《会稽典录》；《集灵记》《（谢氏）鬼神列传》，以上《古小说钩沉》。《郭子》全文仅有17则辑自他书，余则皆辑自《太平御览》。

第二，用《太平御览》引文补他书之不足。为古小说辑佚，可运用的材料很多，最有权威性的当数《太平广记》，但是由于版本流传过程中的散佚或者修纂者的粗疏，《太平广记》存在很多错漏之处，鲁迅先生便运用《太平御览》为之补正。如《裴子语林》中一则："陈协数日辄进阮步兵酒一壶……"这句话中的"日辄"和"一壶"4个字在《太平御览》卷七十八引用，所以鲁迅先生把几个字补充进去后，注曰"二字《御览》引有"，这是补充了其他资料的不足。假如缺少这些字，则语义难以完备。再如同书另一则："王武子葬夕，孙子荆哭之甚悲，宾客莫不垂涕。哭毕，向灵座曰：'卿常好驴鸣，今为君作驴鸣。'既作，声似真……"这段话主要来自《世说》，但是今本《世说》不全，靠《太平御览》卷三百八十八得以补正，鲁迅先生注说："'哭毕'至此以上《世说》引作'既作驴鸣'，今依《御览》引补。"

第三，与他书不同则存异。鲁迅先生往往运用不同类书从事辑佚工作，以求得最佳版本，但是不同版本之间如果文字有歧义，且不能断定孰正孰误，于是便采取存疑的方式进行处理。如《会稽郡故书杂集》之《虞国》"虞国字季鸿"一句下，鲁迅先生注曰："《御览》引有此句，'国'作'固'。"该则材料在《艺文类聚》和《太平御览》中都有，但两书对于人名著录不同，鲁迅先生选择了《艺文类聚》"虞国"的说法，不过，对于《太平御览》的说法也一并提及，作存异处理，这是一种非常审慎的辑佚态度。再如《俗说》中的一则："顾虎头为人画扇，作嵇阮，都不点睛，便送还扇主，曰：'点睛便欲能语！'"这则故事主要辑自《北堂书钞》，但是《太平御览》也有，两书引文稍异。鲁迅先生注曰："《御览》一引作'那可点睛，点睛便语！'"其实虽然该则以《北堂书钞》引文为主，但仔细品味两种说法，还是《太平御览》较生动，能够活画出顾恺之绘画时的神气特色。

第四，利用《太平御览》注文辑佚。鲁迅先生在利用《太平御览》辑佚的时候，目光敏锐，不但注意到了所引的正文，而且也十分细致地将其引文中的注文也当作资料来源之一。由于《太平御览》编者在引用古代文献时，基本保持原来模样，版本中的注文也原样保留下来，这样的资料就弥足珍贵了。如《俗说》一则："谢安小儿时便有名誉，流闻远国。慕容垂饷些白狼眊一双，谢时年十三。"《太平御览》卷三百四十一在引用这则材料时，把"慕容垂"当作"慕容廆"，一时难以断定，但是小注又云"一作慕容垂也"。鲁迅再查找《北堂书钞》卷一百二十一也作"慕容垂"，按照《太平御览》的注文，于是以"慕容垂"为是，并在辑佚之文下面注明出处。

第五，鲁迅先生在利用《太平御览》辑佚时，不忘指出该书引文方面的失误。如《列异传》一则："任城公孙达，甘露中尉陈郡，卒官，将敛，儿及郡吏数十人临丧。达有五岁儿，忽作灵语，音声如父，呵众人：'哭……'"在"哭"字下，鲁迅先生注说："以上十二字《御览》引阙。"这是指出《太平御览》在引文时，编者存在割裂文章、任意为之的弊病。

第三节　聂崇岐编《太平御览引得》

《史记·秦始皇本纪》描绘秦始皇外貌,引用的是魏缭原话:"秦王为人,蜂准,长目,挚鸟膺,豺声,少恩而虎狼心。"关于"蜂准",《史记集解》引徐广解释曰:"蜂,一作'隆'"。《正义》曰:"蜂,虿也。高鼻也。"李昉等人在引用这段话时,直接作"隆准",虽然意思不差,但与原文还是不同,因而后人在利用《太平御览》时,一定要注意核对。经过历代多次刊刻和传抄,该书流传过程中文字出现很多歧义,也需要为之校勘。此外,《太平御览》卷帙浩繁,查找其中条目十分不便,为此,前人又为之做引得,极便检索。

民国时期,随着西方科学研究方法以及西方近现代索引编纂技术的逐渐引入,各种古籍索引应运而生。这其中既有叶圣陶、王重民、顾颉刚、杨殿珣、梁启雄等学者以个人为主编纂的索引,也有哈佛燕京学社引得编纂处编纂的"引得丛刊"和中法汉学研究所以及更名后的巴黎大学北平汉学中心通检组编纂的"通检丛刊"。在这些索引中,规模和影响最大的当属哈佛燕京学社的引得编纂处所编纂的"引得丛刊"了。哈佛燕京学社引得编纂处是国内最早运用科学方法编纂中国古典文献索引的学术机构,为中国近代学术史做出了突出贡献。自1930年至1950年,引得编纂处在20年的时间内,一共编印出64种81册各种引得,涉及《尚书》以外的《十三经》、前四史、四种先秦诸子,以及期刊索引等,其中就包括聂崇岐先生编撰的《太平御览引得》。

聂崇岐(1903—1962,图二十六),字筱山,一作筱珊,蓟县(今天津蓟县)人。幼年时家道中落,经济困难,仍坚持学业,读中学时他每天只吃早晚两顿饭，中午在学校饿了，就靠读书来排遣饿意。1921 年，考入燕京大学，由于经济困难，他用将近 7 年的时间才完成 4 年大学学业，中间曾经被迫辍学担任小学教员，也曾半工半读。大学毕业时，参加北平会考，作文题目为《颐和园游记》。颐和园虽然与燕京大学相距咫尺，聂崇岐因为家境贫困，竟然从未去过，但他凭借观看图片和阅读资料介绍而写出的长篇文言却获得第一名，一时传为美谈。

聂崇岐先生不仅博闻强识，学识丰富，而且为人耿直，坚持原则，肯负责任，朋友圈内有"铁面御史"之雅号。王锺翰先生回忆与聂崇岐先生共事时说："每年计划要出的书，即使一个人工作到深夜，也一定要争取如期交稿。如果你被他约定撰稿，每到交稿之期，他也会来到你家坐催，坐着不走，一直等到你把稿交到他手，他才会走。"因此，他又被同辈称为"畏友"。

《太平御览引得》编纂工作始于 1932 年，成于 1934 年。所用底本为清鲍崇城刻本，邓驰宇先生首先将书名一一勾出，接着田农先生监督编号分剪，赵肖甫先生详为勘校，聂崇岐最后厘定统稿。编纂过程中，国立北平图书馆馆长袁守和先生、代理馆长孙洪芬先生及燕京大学图书馆主任田洪都先生、副主任陈鸿舜先生多方协助，提供所需各种参考书目。工作完成后，哈佛燕京学社随即排印出版，全书分《篇目引得》和《书名引得》两部分，极便于读者查检资料。聂崇岐先生还撰写了一篇序，对于《太平御览》编纂背景、编纂时间、编者生平、分类体例和编纂缺陷等问题皆有考证，提出了很多至今仍有价值的观点，值得一读。

第四节 钱亚新编《太平御览索引》

1999 年，迪志文化公司推出了文渊阁《四库全书》电子版，学者们利用这个电子版可以检索、下载资料，使用非常方便，成为那一年度的文化盛事。《太平御览》自然也有了全文电子版，学者们想获取书中的某个词条，再不需要费时费力地翻阅纸质大书了。但是，在电子版推出之前，人们如何快捷地使用该书呢？为之编制索引是那个时代最好的选择。索引，也称引得，是由英语 index 音译而来，旧称通检、备检。索引之学在我国学术史上还是一门比较年轻的学问，虽然我国古代类书已经具备索引的某种功能，如宋代的《群书备检》也已具有古籍篇目索引的性质，但从严格意义上来说，索引学在我国的发展还是近现代的事。

关于《太平御览》索引问题，1956 年，陈垣先生在一次历史学学术会议上曾提到扬州刘师培家人有编过，他说："以前刘申叔做学问，材料用得好，他比我大一点，我想他为何能如此，原来他家有《册府元龟》《太平御览》等索引，是他家几代相传，父子祖孙自己用，不传外人。"因为"不传外人"的原因，所以刘家所编《太平御览》索引情况外人无从知晓。

几乎就在聂崇岐编纂《太平御览引得》的同时，另一位学者在上海也着手编纂《太平御览索引》，这位学者就是现代著名文献学家、图书馆学者钱亚新先生。

钱亚新（1903—1990，图二十七），字维东，号东山，江苏宜兴人。1925 年钱亚新在上海国民大学巧遇启蒙老师——也是终身导师的杜定友先生，在杜先生鼓励下，钱亚新于 1926 年考入武昌华中大学文华图书科，从此与图书馆结下了不解之缘。1928 年毕业后，先后辗转在国内多所高校任教。钱先生在一篇文章中回忆自己如何从事并热爱索引工作说："1928年初，有一天王君找我，手里拿着一个纸条，同时恳切地问我道：'老友！你知道这句东西在《论语》里哪篇吗？'当纸条上写着的是'智者不惑、仁者不忧，勇者不惧'12个字，当这些字印入我的眼帘时，我稍加思索一下，对王君笑一笑说：'对不起！你真是起屋请到箍桶匠。我非特不知道这句是在《论语》中哪一篇。就是在上论下论，还不能决定唔！'……那时我知道他有所急需，因此我对他说：'你不要着急，我们不妨用一些时间来翻一翻。'顺便我在书架上取下两册《论语》，给他一本下论，对他说：'你翻下论，我翻上论，看那个先得彩。'……他很高兴将这句话的出处《子罕》抄下，可是他的面上却又表露出一种怅惘的神色，他心有所感地对我说：'检查中国书，要如此困难，终非我们的幸福！'他去后，我有些激动，想到检查中国书确存在问题，于是我立刻跑到图书馆去借两套西文书查一下。其中一本是诗集，后面有一个索引，这是将诗集每首的第一句编制起来的。另一部是古本的六册《罗马史》，在未检之前，我决定要查十字军（Crusade）的资料。先查目次，过目了71章，只有58—61章内有十字军的子目，可是各条下并不注出在各章内的面数和简（介）。要检得有关资料，非通读这四章不可。但一翻这《罗马史》最后一册的索引，在十字军条下，即可得50余条的有关细目。无论要参考全部有关的资料，或选择其中部分的资料，都能依据索引所示的出处找得，并不要通读四章，用沙里淘金的方法去检查资料了。这是多么方便！"（钱亚新《我是怎样研究索引和索引法的？》）

从此之后，钱亚新先生便潜心从事古籍索引编制工作，他有感于国内尚无专著，于是搜集资料编写出版了《索引和索引法》一书，被杜定友赞为"我国关于索引和索引法的第一部著作"，构建了从预备、起草、整理、排版、校对到重排的索引法理论体系，由此形成了索引编纂思想。

钱先生在编著《太平御览索引》之前，曾经就《太平御览》这部书的源流、书名、年代、取材、版本等方面做了认真详尽的研究，并且以《太平御览之研究》为题，发表在 1933 年 6 月出版的《大夏年刊》上。1934 年，《太平御览索引》编好后，交由商务印书馆出版。全书共分 3 部分：研究、凡例和索引。其中，研究部分考证《太平御览》一书由来、书名、编者、年代、取材、部类、版本等学术问题，充分体现了编纂古籍索引是一项学术研究这一思想。

第五节　王伯祥制作巨型《太平御览》

1936 年孟春，上海。粉红色的海棠花热烈地在各处开放，蔚蓝的天空上，几只鹞子行状的风筝在东风中飘动摇摆，三三两两的市民在不紧不慢地购物……祥和、宁静是那时候上海的真实写照。在福州路上，开明书店早早拉开门闩迎接顾客，细心的读者发现，今日的门店与以往大不同的是，宽大透明的橱窗里多了一本巨型书：暗黄的封面足足有一人高，黑色真皮书脊上用烫金写下书名《太平御览》。众多读者驻足观看，久久不愿离去，他们小声议论说："是谁制作了这部大版本的书？""《太平御览》要出新版了吗？"

制作这个巨型《太平御览》的人叫王伯祥，是近代著名出版家。

王伯祥（1890—1975，图二十九），原名王钟麒，字伯祥，号碧庄、巽亭、苏亭、容堂、虹翰、睛叟，晚年以字行。江苏苏州人。现代文史研究专家、出版家、文学研究会会员。曾在集美和北大等校任教，1923 年被聘为上海商务印书馆编译所编辑，1923 年离开商务印书馆，应开明书店之聘，其间，他除编写了若干教科书以外，主要出版成就是编集出版了《二十五史》《二十五史补编》等。尤其是 1936 年出版的《二十五史补编》，将古今学者为各史书志表谱所作的增补、注释、考订、校勘诸作，尽力搜采，共得 245 种。其中有不少通行本原来残缺不全，王伯祥都尽力寻求全帙收入，更有多种著作，仅有稿本，也尽力抄录付刊，从而使文史研究者免去繁琐的翻检之劳。

《二十五史补编》甫一出版，王伯祥立刻筹划下一步出版计划，这一次，他将目光凝注在了"类书之首"《太平御览》上。经过一段时间的精心准备，他向开明书店董事会提交了出版计划，拟将《太平御览》缩印成精装 16 开一厚册。全书的页数、书的厚薄，可以容纳多少万字数，等等，王伯祥都计算得清清楚楚，十分严谨。为了制造声势，引起社会对该书的重视，他特地制作了一本巨型样书。样书内中的纸张用的是印刷中的废页装订起来的，封面是暗黄色的布面，书脊是真皮制作，书名"太平御览"四个大字是章钰老人题写的。章钰老人为苏州名士，光绪间进士，官至吏部侍郎。章氏为藏书大家，他在藏书上皆加盖一印，印的内容为清代藏书家陈鳣的名言"得此书，费辛苦，后之人，其鉴我"12 字，一时传为美谈。章钰自幼酷爱书法绘画艺术，书法方面专攻隶书，兼行、楷及篆刻，晚年之后，艺术更精，前往章府求画求字者络绎不绝。王伯祥与章钰为忘年交，深知章钰书法价值，因而托人前往天津章氏寓所求字，章氏时年 72 岁，一场大病过后，手脚颤抖，身体十分虚弱，封笔多日了。但是，章钰老人知道是王伯祥所求，且是为出版事业，于是不假思索，马上应承下来，认真书写四个大字寄给王伯祥，一年以后老人溘然长逝，此幅字不知是否为老人的绝笔。

王伯祥精心把章钰老人的题签烫金印制在书脊上，真是壮观漂亮，非常吸引眼球，引来许多路人侧目。许多书商闻知，前来预购，王伯祥甚为得意，他认为这种有创意的广告效果非常好，于是摩拳擦掌，尽快编排，让读者早日看到真正的新版《太平御览》。然而，令人惋惜的是，不久抗战爆发，战火很快燃烧到整个大上海，开明书店不得不停下众多业务，好多书籍无法印制，转而撤向后方，辗转于桂林、重庆等地。在流亡迁徙过程中，开明书店积极宣传抗战，以出版国定本教科书为主，为特定时期的教育发展做出了贡献。在书店的存亡维系于国家存亡的大前提下，这种需要大资金投入的项目当然只能放弃了，王伯祥为之付出巨大心血缩印《太平御览》的工作就这样遗憾地流产了。

新中国成立后，国家大力扶持文化产业，王伯祥的心愿终于实现了。1960年，中华书局将《四部丛刊三编》影宋本缩印，装成4大册出版，成为今日通行本。1994年，河北教育出版社出版了由夏剑钦以南宋蜀刻本为底本而点校的标点本《太平御览》，更便学者使用。如果王伯祥老人地下有知，想必会含笑九泉。

主要参考文献

郭伯恭：《宋四大书考》，商务印书馆，1930 年。

钱亚新：《〈太平御览〉索引》，商务印书馆，1934 年。

洪业：《〈太平御览〉引得》，哈佛燕京学社，1935 年。

（宋）李昉等：《太平御览》，商务印书馆四部丛刊三编本 12，1935 年。

叶德辉：《书林清话》，中华书局，1957 年。

（宋）李昉等：《太平御览》，中华书局影宋蜀刊，1965 年。

刘叶秋：《类书简说》，上海古籍出版社，1980 年。

傅增湘：《藏园群书经眼录》，中华书局，1983 年。

刘乃和：《〈册府元龟〉新探》，中州书画社，1983 年。

张涤华：《类书流别》，商务印书馆，1985 年。

严绍璗：《汉籍在日本的流布研究》，江苏古籍出版社，1992 年。

黄永年：《古籍整理概论》，上海书店出版社，2001 年。

（清）张之洞撰、范希曾补正：《〈书目答问〉补正》，上海古籍出版社，2001 年。

杨守敬：《日本访书志》，辽宁教育出版社，2003 年。

凌朝栋：《文苑英华研究》，上海古籍出版社，2005 年。

严绍璗：《日本藏汉籍珍本追踪纪实》，上海古籍出版社，2005 年。

（日）内藤湖南、长泽规矩也：《日本学人中国访书记》，中华书局，2006 年。

周生杰：《太平御览研究》，巴蜀书社，2008 年。

（清）黄廷鉴：《第六弦溪文集》，丛书集成初编本。

《中国珍贵典籍史话丛书》已出版书目

1. 打开西夏文字之门　　　聂鸿音著　　　　　　定价：48.00　2014 年 7 月
2. 《文苑英华》史话　　　李致忠著　　　　　　定价：52.00　2014 年 9 月
3. 敦煌遗珍　　　　　　　林世田　杨学勇　刘波著　定价：58.00　2014 年 9 月
4. 康熙朝《皇舆全览图》　白鸿叶　李孝聪著　定价：45.00　2014 年 9 月
5. 慷慨悲壮的江湖传奇　　张国风著　　　　　　定价：52.00　2014 年 10 月
6. 《太平广记》史话　　　张国风著　　　　　　定价：48.00　2015 年 1 月
7. 《永乐大典》史话　　　张忱石著　　　　　　定价：48.00　2015 年 1 月
8. 《玉台新咏》史话　　　刘跃进原著 马燕鑫订补　定价：53.00　2015 年 1 月
9. 《史记》史话　　　　　张大可著　　　　　　定价：52.00　2015 年 6 月
10. 西夏文珍贵典籍史话　　史金波著　　　　　　定价：55.00　2015 年 9 月
11. 《金刚经》史话　　　　全根先　林世田著　定价：38.00　2016 年 6 月

国家图书馆出版社简介

国家图书馆出版社 1979 年成立，原名"书目文献出版社"，1996 年更名为"北京图书馆出版社"，2008 年改为现名。

本社是文化部主管、国家图书馆主办的中央级出版社。2009 年 8 月新闻出版总署首次经营性图书出版单位等级评估定为一级出版社，并授予"全国百佳图书出版单位"称号。2014 年被全国哲学社会科学规划办公室评定为"国家社科基金后期资助项目推荐申报出版机构"。

建社三十余年来，形成了两大专业出版特色：一是整理影印各种稀见历史文献；二是编辑出版图书馆学和信息管理科学著译作，出版各种书目索引等中文工具书。此外还编辑出版各种文史著作和传统文化普及读物。